スポーツ3.0

平尾 剛

MISHIMASHA
ミシマ

スポーツ3.0

平尾剛

はじめに

いま、私は純粋にスポーツを楽しめないでいる。長らくつづけたラグビー観戦でさえ、以前のようには夢中になれない。ずっと傍《かたわ》らにあって、親しくつき合ってきたはずのスポーツが、だんだんと、でも確実に遠景へと退《しりぞ》いてゆくような、そんな寂しさが拭《ぬぐ》えないのだ。まるで恋人に別れを告げられたあとのような虚無感が、この胸にわだかまっている。

きっかけは二〇二一年に行われた東京五輪だった。

新型コロナウイルスの感染が拡大するなかで強行開催されたこの五輪は、その是非をめぐって世論を二分し、社会に分断をもたらした。「つなぐこと」を本質とするスポーツとかけ離れた別物としか思えず、非常識や不公正に見向きもせず開催へとひた走るその様に大いに戸惑った。

これはもうスポーツではない。そう思った。

おそらく私と同じように感じている人は少なくないはずだ。

アスリートの懸命なパフォーマンスに気持ちを昂《たかぶ》らせ、その興奮をともに分かち合う。それができるはずなのに、できない。あくせくする日々の生活から離れてほっと一息つけるはずなのに、なぜだか心がざわつく。

本書は、こうした複雑な思いを抱く人たちに向けて書かれている。

第一章では、日本スポーツ界の宿痾《しゆくあ》とも呼べる「根性論」について論じた。根性だけでは乗り越えられない複雑なプロセスをたどるスキルの習得を、パスを一例にして述べたあと、世界的な趨勢《すうせい》であるスポーツ・ウォッシングという視点を紹介した。これからのスポーツのありようを「スポーツ3・0」と呼び、それを構築する土台を提示した。

第二章では、東京五輪の開幕前後に感じたことや考えたことを綴《つづ》っている。いざ終われば成功したものとみなされ、十分な検証がなされないまま次の大会へと引き継がれるのが五輪の常である。閉幕してから二年が経ったいま、すでに当時の混乱は忘れ去られつつある。その混乱をできるだけ書き残し、ひとりでも多くの人の記憶に留めおくことをめざした。いまの五輪はもはやスポーツではない。そう考えるに至った理路を詳述した。

第三章は、東京五輪の悪影響ですっかり下落したスポーツの価値を、再び高めるためにスポーツそのものの考察を試みている。ふだん私たちはスポーツを観たりその話題を口にしたりして楽しんでいるが、スポーツはやはり自らすることにその本質がある。「するスポーツ」こそがスポーツの原点だ。いままさに部活動に励む若者や生涯スポーツを楽しんでいる方々には、なにかしら響くものがあると期待している。

昨今のスポーツ界で問題視されている「勝利至上主義」について書いたのが、第四章である。混同されがちな「競争主義」とのちがいからその内実を明らかにし、勝利を追求するプロセスにおいて不可欠な厳しさを、酷暑下での活動や暴言や暴力による指導と絡めて論じている。第三章と合わせれば、「するスポーツ」の肝となる、厳しさを含んだ楽しさが浮かび上がるはずだ。

最後の第五章は、未来に向けてスポーツを健全化するために必要なふたつの視点を紹介している。応援の過熱とテクノロジーの進化である。スポーツのみならず諸種の文化は、時代が下るとともに性格を変えてゆかざるをえない。とはいえただ時間の流れに委《ゆだ》ねてしまえば、そのオモシロさ、豊かさの土台までもが変わってしまう。「観るスポーツ」に欠かせない応援の過熱は世界的にみられる現象だ。それをふまえて私たちがスポーツを観るときの守るべき一線を示した。

また、あえていうまでもなく、テクノロジーがスポーツに与える影響は計り知れない。ChatGPTの導入にその賛否が社会で割れるなか、スポーツも例外ではない。テクノロジーとどう折り合いをつければいいのかについての試論を綴った。

全章に通底しているのは、スポーツの暴走を止めようという目論見《もくろみ》である。経済効果を得るためだけに、また政治的に都合よく利用され、暴力や暴言による指導や勝利至上主義が蔓延《はびこ》るいまのスポーツは、もはやスポーツの体《てい》をなしていない。少なくとも私が親しんできたスポーツではない。

スポーツに健やかさをとりもどしたい。そう願う人たちの心の琴線に触れることができれば、望外のよろこびである。

スポーツ3.0 目次

第一章

スポーツ3.0

第二章

東京五輪はスポーツになにをもたらしたのか

序章

アスリートのことば

——なぜ、あのとき嘘をついたのか

プライベートとの両立

現役を引退してから十六年が経過した。十三歳からはじめて十九年ものあいだずっと「するスポーツ」だったラグビーは、いつしか「観るスポーツ」になった。「花園《はなぞの》」と称される全国高等学校ラグビーフットボール大会や全国大学ラグビーフットボール選手権大会、二〇二一年に創設されたリーグワンの試合や、W杯などでテストマッチ（国同士の試合）を観て、いまは楽しんでいる。

選手時代をふりかえれば、いまほど試合を観てはいなかった。対戦するチームの戦術や自分のトイメン（マッチアップする選手）の特性を知ろうと分析的に観ることはあっても、試合そのものを楽しむことはほとんどなかった。練習以外の時間の、たとえば夕食後に寮の一室でリラックスするなどのプライベートな時間までもラグビーに染めたくないのが本音だった。

社会人のころは練習帰りにTSUTAYAに立ち寄って観たい映画のDVDを借りるのが日課で、読書に目覚めた引退間近には寮の自室や喫茶店で本を読んでいた。もしかすると映画や本にうつつを抜かすこの態度は、見る人から見れば、日本代表でありながらさまざまなラグビー事情を知ろうとしない怠惰《たいだ》なラガーマンに映るかもしれない。だが、ひとつのことに夢中になればなるほどそれとは別のなにかに目移りするのが私の性格で、本業とプライベートのバランスをとってきたからこそ、二十年近くにわたってラグビーをつづけてこられたのだと思っている。

「する」と「観る」のあいだの溝

かつてのチームメイトには、引退してからもほとんど試合を観ない後輩もいる。いまもたまに集まるメンバーのほとんどは、普段からすすんでラグビーを観るという習慣を持っていない。

とはいえラグビーを避けているというわけではもちろんない。たまに会えばラグビーの話題で盛り上がり、現役時代の練習や合宿や試合などでの一コマを思い出しては、懐かしがりながら語り合っている。ラグビーにまつわる話はする。たくさんする。でも、観戦を楽しんでいるかというとそうともいえない。むしろ現在のラグビー事情には疎《うと》いといっていい。「世紀の番狂わせ」として世界を席巻《せっけん》した二〇一五年W杯でのあの南アフリカ戦でさえ、翌日に結果を知り、録画映像を観返したという者もいた。

私の周りには、現役引退後はラグビーそのものへの興味、関心が薄まる人のほうが多い。

「するスポーツ」で培《つちか》った仲間との絆や経験は重んじていても、それがそのまま「観るスポーツ」を楽しむことにはつながらない。

「する」と「観る」のあいだには思いのほか大きな溝がある。

私自身がこの溝をまたぎ、「する」から「観る」へとシフトできたのはおそらく研究者になったからだ。また、コラムを書くという仕事に携わるようになったのもある。ラグビーを知らない人にラグビーのなんたるかをわかってもらうためのテクストは、昨今のラグビー事情を抜きには書けないからだ。直近の優勝チームを知り、その戦いぶりを把握しておかなければ、経験則をツラツラと並べただけの内輪乗りの内容になりかねない。経験則だけで語る文章の射程距離は短い。ビギナーの心をつかむためには取材が欠かせない。

取材目的で観ていたらだんだんオモシロくなって、いつのまにかラグビーが「観るスポーツ」になっていた。またラグビーに関する文献を読み解き、その成り立ちやルール、アフターマッチファンクションをはじめとする儀式の意図などについて理解が進むと、実に意義深いスポーツだったのだとあらためて思い知った。

試合後のコメントの物足りなさ

観る楽しみを覚え、ラグビーだけでなく他のスポーツにも関心を向けるようになって気づいたことがある。それはインタビューを受ける選手が発するコメントだ。

淡々と試合内容をふりかえって「次、頑張ります！」「最高です！」といったお決まりのフレーズを口にしたり、勝利のよろこびと敗北の悔しさに収斂《しゅうれん》する感情的な表現にとどまる選手が多い。ここに物足りなさを感じる。イチローなどは例外だとしても、せめて定型句に頼らない身体実感がともなうことばが聞けないものかと、試合後のコメントを読むたびに感じるようになった。

スポーツファンは、トップアスリートが経験している世界を少しでも理解したいと望む。当の本人にしかわからない身体感覚や揺れ動く心模様が知りたい。たとえその一端であっても、未踏の地に立つアスリートの世界に想像を及ぼしたい。アスリートのことばは、その足がかりとなる。

私はかつて選手であり、試合後に記者からの質問に応える立場だった。当時をふりかえれば、どの試合を回想しても稚拙《ちせつ》な受け応えに終始していたように思う。タイムマシンに乗ってその場に戻れるとすれば、あまりにお粗末な受け応えをしている自分に出会うことになるだろう。想像するだけでも冷や汗が出てくる。そんな私が現役アスリートにリアリティのあることばを求めるのはおこがましいのかもしれない。それでもあえていわせていただければ、これからのアスリートはことばを持ち合わせなければならないと思う。

アスリートのことばを豊かにするために、自らの経験をひとつ開陳《かいちん》したい。恥をさらすことになるが、試合後のアスリートの心境を知るうえでのケーススタディになればという期待を込めて、告白する。

二〇〇〇年度全国社会人大会準決勝、サントリー戦

東大阪にある花園ラグビー場で行われたこの試合は、ロスタイムに入ってからの逆転トライでわが神戸製鋼が勝利を収めた。その最後のトライを決めたのが幸運にも私だった。劇的な幕切れの立役者として、試合後にはたくさんの記者に囲まれた。

トライシーンを回顧すれば、アンドリュー・ミラー選手が蹴《け》り込んだボールを、追いかけた私が首尾よくキャッチしてそのまま走りきったというもの。いうなれば絶妙なキックを蹴ったミラー選手が演出したトライだった。

実をいえばミラー選手がキックを蹴った瞬間は、「ここで蹴るか!?」という疑念が脳裏

をよぎった。いつ試合終了になってもおかしくないロスタイムでの、相手に攻撃権が移る蓋然性《がいぜんせい》が高いキックというリスキーな判断に疑問が生じたのだ。

とはいえ、流れるようにプレーがつづくラグビーでは、そこで立ち止まるわけにはいかない。彼の判断の正否は脇に置き、とにもかくにもボールを追った。

驚くことに、一歩一歩ボールに近づくにつれて徐々にスペースが開けてきた。と、その瞬間、「トライに至る道筋」が見えた。「なるほど！　狙いはこれだったのか！」と納得した私は、その道筋をたどってゴールラインまで走り切った。

あのトライは紛れもなくミラー選手の卓越した判断から生まれた。

だが、スポットライトを浴びるのはいつもトライスコアラーである。試合後すぐに取材陣に囲まれた。かなりの興奮状態だった。気持ちが昂《たかぶ》るままにたくさんの記者に囲まれて、私は浮き足立っていた。

「あのトライの心境を聞かせてください」と記者から質問を受けた私は、「アンディ（ミラー選手の愛称）、裏（に蹴れ）！」と声をかけたと答えた。

そう、嘘をついたのである。

質問された直後、「あの瞬間」のアンディとの絶妙なコンビネーションを説明できることばがみつからなかった。だからといって黙り込むわけにもいかず、かろうじて頭に浮かんだことばを手繰《たぐ》り寄せてなんとか伝えようとした。なにか気の利いた答えを口にしなければと焦った。その結果、「トライをとるまでになにかしらのアクションをしたはずだ」という質問の意図を汲み、リップサービスをしてしまった。

なぜあのとき嘘が口をついたのか。

あの逆転トライに自らも積極的に関わったんだという自負と、記者が望む答えを用意しなければという焦《あせ》りが、そうさせたのだと思う。語彙《ごい》の乏しさもまたそれを後押しした。

とはいえこれらはすべて言い訳である。一社会人として、人気チームの一員として備えておくべきメディアリテラシーを欠いていたのは否《いな》めない。興奮冷めやらぬままに「あの瞬間」を冷静にふりかえることが、チームに入ってまだ二年目の未熟な私にはできなかった。

とても後悔している。

「あの瞬間」をことばにする

あれから二十二年が経過したいまだからわかることがある。

「あの瞬間」は、アンディとのあいだにノンバーバルなコミュニケーションが成立していた。アンディのキックという判断に疑問は生じたものの、それを払拭《ふっしょく》できるだけの彼への信頼があった。私には把握できていない相手の隙《すき》がどこかにあって、彼にはそれが見えているのだろう。そう直観した。だから彼がキックするのとほぼ同時にスタートが切れたわけだ。転々とするボールを追いかけるうちに「トライに至る道筋」が見えたとき、その信頼は確信に変わった。

自分自身には見えているスペースをキックという手段を用いてアンディは私に知らせた。いまだ視認できないスペースの存在を、アンディのキックを頼りにして私は予感した。声をかけずとも、視線を交わさずとも、キックというプレーで意思疎通をした。数秒というわずかな時間をおいたのちに成立する、高度なコミュニケーションを行っていたのだ。この身体的コミュニケーションのあいだに、頭でこしらえただけの独りよがりな「キックという判断への疑念」が入り込む余地などない。

私とアンディの身体同士が呼応し合って、あのトライは生まれたのである。

あのトライは、いまでは偶然ではなく必然だったのだと思っている。

思い起こせばあの瞬間は身の回りには穏やかならぬ空気が漂っていたし、歓喜と悲鳴が交じる喚声も背中に感じていた。なぜだか時間感覚が欠落していて、なんの根拠もなくこのままずっと試合がつづくと思い込んでいた。自分だけが異空間に身を置いているような あの身体実感は、いまもありありと思い出せる。

だが、試合後の興奮冷めやらぬ状態では、この胸の内を表現できなかった。できればじっくりふりかえったあとでコメントしたかった。あるいはためらいながら訥々《とつとつ》と話したかった。でもそれは許されない。あの場ではわかりやすく、歯切れのよいコメントを残さなければならない。そう強く、感じていたからだ。

そこでつい口をついたのがある種の作り話である。ファンにも理解しやすいであろう、「私がアンディに声をかけ、声を聞いたアンディはキックを蹴り、それをキャッチしてトライに至る」という単線的な物語で象《かたど》ってしまった。

スポーツのことばは、アスリートとインタビュアーとの共同作業を通じてリアリティを帯びる。試合を終えたばかりの選手が、そのときの身体実感や心情を的確にことばで表現することはおそらく不可能に近い。緊迫した場で体感した身体実感や心情は、時間をおいてふりかえることによって適切なことばがあてがわれる。そうして物語へと引き上げられる。

出来合いのフレーズや使い古されたストーリーに収斂されず、またマニュアル的な受け応えからこぼれ落ちることばにこそ、リアリティは宿る。試合後すぐに応えられることと、そうでないことの線引きを、アスリートとインタビュアーで共有する。具体的にいえば、アスリートは臆することなく訥々と語り、インタビュアーはフレーズだけを拾おうとせず、言わんとすることを想像する。そうすれば、スポーツのことばはふくよかになる。

作り立てのカレーと、具材がルーに馴染《なじ》んだ翌日のそれは、どちらも旨《うま》いが味はちがう。火を入れる時間の長さで生じるこのちがいが、ことばにもある。そして、ことばは腐らない。

こうしてアスリートが経験する深遠な世界への「のぞき窓」は築かれてゆく。

第一章

スポーツ3.0

1

スポーツハラスメントをゼロに

暴力から暴言へ

スポーツ界では、目を覆《おお》いたくなるハラスメントがいまだにつづいている。指導者が選手を殴る、人格を否定する暴言を浴びせるなどの事例があとを絶たない。そうしたニュースに触れるたびに心が痛む。

思い起こせば二〇一二年、大阪市立（当時）桜宮《さくらのみや》高校バスケットボール部で主将だった少年が、顧問の暴力を苦に自殺した。メディアが大々的に報じたこの事件を機に、スポーツ界は「暴力行為根絶宣言」を表明し、暴力をなくそうとする機運は高まった。にもかかわらず、あれから十年が経過したいまもハラスメントはなくなっていない。

むしろ増えている。

日本スポーツ協会が設置した相談窓口に寄せられる相談は、統計を取りはじめた二〇一四年度以降、年々増加しており（新型コロナウイルスの影響で活動が制限された二〇二〇年度、二一年度を除く）、二〇二二年度には過去最多となる三七三件にのぼった［1］。根絶どころか増加傾向にあり（ただし以前は相談にすらいけなかった可能性は十分にある）、その被害者は四一パーセントが小学生で、中高生を含めると六割以上の子供たちが暴力や暴言にさらされているのが現状だ。相談にまで至れず苦しみつづけている子供たちもいるはずだから、現実はもっと悲惨であるといっていい。

好きではじめたはずのスポーツがいつしか嫌いになり、するのも観るのもいやになる人たちを「スポーツ嫌悪層」という［2］。暴力や暴言による指導によって脱落せざるをえなかった子供たちが、それ以降に抱く忸怩《じくじ》たる思いを想像すれば、怒りすら湧いてくる。

ただし、その相談内容からはある変化が読み取れる。

二〇一五年度に三八パーセントだった暴力に関する相談が二〇二二年度は一三パーセントに減少し、暴言が三四パーセントと相談内容で最多を占めた。殴る、蹴るなどの目に見える暴力は減ったものの、「おまえなんかいらない」「頭が悪い」などの暴言は増加傾向にある。つまり、子供へのスポーツ指導を中心に、暴力から暴言へとシフトしつつあるのだ。

まさか、これをもって暴力は根絶に向かっているとポジティブに捉える人はいないだろう。肉体を傷つける暴力が許されないのは当然だが、精神を傷つける暴言もそれと同様に見過ごせない。むしろことばの暴力は、まるで喉に小骨が刺さったように長きにわたる疼《うず》きを植えつける点で、肉体への暴力よりタチが悪いともいえる。

暴力と暴言を含めたハラスメントを可及的速《かきゅう》やかにゼロにする。これが喫緊《きっきん》の課題だ。それにしても、なぜハラスメントがなくならないのだろう。これだけ根絶の機運が高まりながらも減らないのはなぜなのか。

主因は、部活動という仕組みにある

考えられる原因のひとつに過度な上下関係がある。「体育会系」と呼ばれる軍国主義的な上下関係が、いまだ根強くスポーツ界にはある。先輩と後輩、指導者と選手のあいだの非対称な関係性が、ハラスメントを生む温床となっている。

選手間の関係性については緩和されつつある。

たとえば二〇〇九年度から大学選手権を九連覇した帝京大学ラグビー部には上下関係がない。履修科目が多くて時間的な余裕もなく、新しい環境に馴染むためのストレスを抱える下級生の負担を軽減するために、四年生が試合当日の準備や撤収作業、掃除などの雑務を引き受ける。こうした仕組みを当時監督だった岩出雅之《まさゆき》氏が構築した。脱・体育会系のこの取り組みは競技の垣根を超えて広がりつつある[3]。

これに比べて、指導者と選手の非対称性はまだまだ根強い。師弟関係ゆえの非対称性は確かにある。教えを乞う者が教えを授ける者に敬意を抱く。この構えはスポーツだけにとどまらず、なにかを学ぶためには欠かせない。だから指導者と選手がフラットな目線に立つことはありえない。師匠と弟子、指導者と選手は、その非対称性をもって向かい合わざるをえない関係性が本来的に強いられる。

ハラスメントは、この師弟関係における非対称性の隙間に入り込む。熟達者として強者の立場に立つ指導者は、選手からの敬意のまなざしに囲まれるうちに道を誤る。勘ちがいを起こす。いわゆる「先生と言われるほどの馬鹿でなし」である。

これをさらに後押しするのが「勝利至上主義」だ（勝利至上主義については第四章で詳述）。たとえば、部活動では全国大会やそれにつながる予選大会が目白押しである。目前に迫る試合で勝利という結果を残さなければならない。選手である子供たちは勝利を求めて目を輝かせる。母体となる学校は知名度が上がるからと発破《はっぱ》をかけ、保護者はわが子の成長とスポーツ推薦の権利獲得に前のめりになる。全方位から注がれる勝利への期待を一身に背負う指導者に重圧がかかるのはいうまでもない。

だが、本業が学校の先生である指導者は、スポーツ指導のプロではない。練習メニューのバリエーションも少なく、科学的な根拠にもとづく練習方法も、スキルを習得するためのコツやカンを伝える感覚指導も、できるとはかぎらない。なかには未経験の競技を泣く泣く教えている人もいて、その胸の内は察するに余りある。

先生と呼ばれて自我が肥大する恐れを抱きながら、スポーツ指導を学んだわけでもないのに過剰な期待を背負わされる部活動の顧問は、実に苦しい立場に置かれている。

それでもなんとかしようとする。いまできることを手繰り寄せて結果を出そうとする。教育者は、学ぼうとする子供が目の前にいれば必ずそうする。指をくわえて眺めることができない。

このときに頼るのが経験則である。過去の競技経験を持ち出して指導に当たる。もし暴力や暴言がともなう指導を受けた経験があるなら、それを持ち出す。非科学的な練習に明け暮れていたのなら、それを再現する。たとえ暴力や暴言をともなう指導がよくないとわかってはいても、経験に裏打ちされた身体実感がそうさせる。いささか厳しく、時代遅れかもしれないと訝《いぶか》しんだとしても、そうせざるをえない事情が部活動の顧問にはある。

全方位から押し寄せる勝利至上主義という波に気づき、それを押し戻す。そのためには勝利に目を眩《くら》まされず本来の目的である教育を見据える。そもそも部活動はなにを目的としているのか。この問いを抱えつづけなければならない。

部活動における暴力や暴言がともなう指導は、構造的な問題としてある。指導者の資質に問題がないとまではいわないが、その主因は部活動という仕組みにある。こうしてみると、指導者もまた被害者だ。ここを解決しなければ部活動におけるハラスメントをゼロにはできない。部活動を経て大学に進学し、プロの道に進む子供たちが、引退後にスポーツ現場に帰ってきたときに、また同じことがくりかえされると思うと、部活動の構造的な問題がスポーツ界全体に波及するのは自明だ。

「ハラスメントの連鎖」を断ち切るには、その原因を指導者の資質だけに求めるのではなく、部活動をはじめとする社会構造の見直しが必要である。どれだけ時間がかかろうともこれを果たさないかぎり、スポーツ界でハラスメントはなくならないだろう。

追い込み型指導

最後にもうひとつ、部活動の顧問をはじめとする指導者がハラスメントに手を染める理由がある。

暴力や暴言による指導は、心身ともに選手を追い込むのがその目的である。私たち人間は、不条理で理不尽な状態を脱するときに爆発的に能力が発揮されるようにつくられている。いわば生物学的に備わる人体の仕組みを利用した指導法だといえる。暴力や暴言をともなう「追い込み型指導」は、それなりの効果が出る。短期的には能力が上がるのである（ただし、長期的な視野で捉えた人間的な成長を阻害するリスクがあり、この点については第四章で詳述している）。

だから、これでいいのだとつい思い込む。厳しい練習さえ乗り越えれば事足りるのだと考えてしまう。そう簡単にはへこたれない精神力、つまり根性がつくのだからよしとするのである。

「追い込み型指導」で根性が鍛えられる。それは否定しがたい。私もまた経験則として深く心に刻まれている。なにくそと思う気持ちがラグビー経験を通じて強くなったのは否めない。だが、この経験的な根性論は、実は大いなる誤解のうえに成立していた。次節ではそれを詳しく述べよう。

[1]「スポーツ暴力相談、最多三七三件 暴言増、被害は小学生四割」共同通信、二〇二三年四月十四日
[2] スペインビジャレアルCFの育成部に籍をおく佐伯夕利子氏は、「スポーツ嫌悪層」のケアとそれを生まないシステムの構築がスポーツ普及の肝であると主張する。
[3] 多羅正崇「体育会系の上下関係はもう古い。大学ラグビー帝京と明治の共通点。」Number Web、二〇一八年十月七日

2 誤解された根性論

根性論のジレンマ

「追い込み型指導」で根性が鍛えられる。あきらめや逃げをよしとせず、怒気を含む強い語調で選手を追い込めば根性がつく。人格を傷つけようとも不条理な厳しさを課して根性を身につけさせる。それがスポーツ指導の要諦《ようてい》であると、信じてやまない人たちは多い。追い込む手段として暴力を用いるのは致し方ないと頑《かたく》なに信じる人もなかにはいて、行き過ぎたスポーツ指導が社会問題となっているのは周知の通りである。

ここまで極端ではなくとも、根性論を肯定する人は少なくない。

暴力はよくない。だが厳しい言動ならば仕方がない。競技力の向上や勝利をつかむために必要な根性がつくのだから、指導は厳しくなければならない。困難にめげないタフさとしての根性がつくという理由で、明確には否定できない人たちである。

スポーツに根性が必要か否か。この二者択一の問いには、おそらくほとんどの人が必要だと答えるだろう。パフォーマンスを高めるために必要な心技体のひとつ、「心」（根性）はやはり不可欠で、スポーツのみならずあらゆる事をなすためには必要だと、おそらく多くの人が考えているはずだ。

表向きには認めないながらも完全には否定しきれない。根性論にまつわるこのジレンマは私たちを宙吊りにし、暴力根絶の風潮に面従腹背の態度をとるよう要請する。

かくいう私もそのひとりである。

とはいえ諸手《もろて》を挙げて根性論を賛美するわけではもちろんない。スポーツ界の悪しき慣習として、一刻も早く解消しなければならないと考えている。

鍛えれば競技力が向上する？

スポーツ根性論は一九六〇年代に誕生したとされている。「根性づくり」は、一九六四年の東京五輪に向けてメダル獲得を目的とした選手強化策で主題となった。東京五輪体制（選手強化対策本部、スポーツ科学研究委員会）が中心を担うと同時に、各競技の監督やコーチが独自の指導論を展開したことで根性論は流行した。いわばトップダウンとボトムアップという双方向からの働きかけによって、根性論は広がった。

ご存知の方もいるだろうが、根性論の嚆矢《こうし》は「東洋の魔女」だといわれている。下馬評をくつがえして金メダルを獲得した東京五輪日本代表女子バレーボールチームである。チームを率いた大松博文《だいまつひろふみ》監督は、しごきともいえるスパルタ的指導を選手に課して、輝かしい結果へと導いた。体格に恵まれない選手たちを徹底的に鍛え上げ、世界一にまでのぼりつめたこの奇跡を、当時のメディアは挙《こぞ》って取り上げた。

これ以降、「スパルタ的に根性を鍛えれば競技力が向上する」という、私たちのあいだで暗黙のうちに共有されている信憑が形成されたといわれている。

象徴的なのがスポ根漫画である。『あしたのジョー』（一九六八―一九七三年）、『アタックNo.1』（一九六八―一九七〇年）、『エースをねらえ！』（一九七三―一九八〇年）、『巨人の星』（一九六六―一九七一年）などの作品は、いずれも東京五輪以降に連載がはじまり、人気を博した。「東洋の魔女」に端を発する根性論は、スポ根漫画の流行とともに社会に広がった。岡ひろみや星飛雄馬《ほしひゅうま》が困難を乗り越える姿に感動しながら、根性論は競技力向上に効果的であるという信憑が国民の深層意識に堆積していったのである。

大松氏は根性論を否定していた

「東洋の魔女」から半世紀を経て、ようやく根性論の問い直しがなされつつある。

二〇二一年に出版された『スポーツ根性論の誕生と変容――卓越への意志・勝利の追求』には、「東洋の魔女」を率いた大松氏が実は根性論を否定していたと書かれている。

・ただやたらに猛練習しろなどとはいわない。選手が納得し、指導者との心の交流がなければ練習には意味がない。

・なぐったり蹴ったりするなんて論外で、わずかな時間に急激に痛めつけるのは根性づくりではない。

・根性づくりとは、しごきとは似ていてまったく非なるもので、私がしたのはそんなむちゃなことではない。

（著者が抜粋）

さらに大松氏は、チームに医師を帯同させて選手の健康状態を常に確認し、科学的・合理的な考えのもとに指導を実践していたという。

このことから著者の岡部祐介氏は、大松氏の指導を以下のように述べている。

「大松の指導・コーチング観の特徴は、選手一人ひとりの特性を把握し、それぞれに合った指導方法を考え、『率先垂範《すいはん》』を念頭に置いて常に選手とともに実践することにあった。そこには、行動・実行性、創造性、目的合理性を見取ることができる[1]」。

ではなぜ、この事実が歪《ゆが》んで伝わり、広がったのか。

岡部氏はその理由に、マスメディアの伝え方および勝利至上主義との結びつき、さらには高度経済成長期という当時の社会背景などがあると指摘する。

そして以下のように結論づける。

「『大松イズム』および大松が主張した根性は、人びとに受容され、流行していく際に、誤った解釈・理解がなされていたと考えられ[2]」、「スポーツにおける根性は、それを受容し、実践に移そうとした大衆によってミスリードされていったことが考えられる[3]」。

いまの私たちが否定しきれずにいる根性論は、実は誤解の上に成り立つ虚構だった。つまりこれは、根性論を肯定する根拠の喪失を意味する。

根性とはなんだったのか

もともと根性ということばは仏教用語に由来し、人間の生まれ持った根本的な性質を意味していた。あくまでも先天的なものとして、高めたり伸ばしたりできないはずの根性が、困難にくじけない強い性質や、事をなしとげようとする強い気力や精神力、すなわち後天的に養成できるものと解釈されるようになった。それが一九六〇年代であり、とりわけ一九六四年の東京五輪がその重要な契機となったのは、先に述べた通りだ。

このころから、根性を養成するために必要な「ハードトレーニング」が重視される。しかしながら、その前提には競技者をはじめとした実践者の主体性や個別性、創造性や科学性があった。五輪に向けた選手強化対策本部であるスポーツ科学研究委員会が主となり、根性についての科学的な研究もなされていた（その成果が応用されて今日のメンタルトレーニングに生かされた経緯もある）。

つまり東京五輪以前の根性論の成立期には、根性をあくまでも合理的かつ科学的にトレーニング・競技実践へ活かす意図があったのだ。

ところが東京五輪以降、「大松イズム」の誤解とともに広がった〈根性〉は、批判的な言説をともなって取り上げられ、精神主義的色彩に彩られたことばになった。従順に耐え忍び、頑張ることのできる精神力という薄っぺらい意味が付与されたわけである。そして根性を養成する手段としての「ハードトレーニング」だけがひとり歩きし、しごきや暴力的な言動による指導の温床となっていった。

レジリエンスと科学的根性論

本来の根性は、選手の主体性や個別性、創造性や科学性を前提としていた。ここから岡部氏は、根性には心理学領域を中心に注目されている「レジリエンス（resilience）」に共振する点があると指摘する。

危機に直面した際に人間が備え、対応し、乗り越える精神性を指す包括的な概念の「レジリエンス」は、ストレスやプレッシャーへの耐久性および変化への対応といった、現代社会を生きるうえで必要とされる資質にも通じる。しかもこれはスポーツ経験によって効果的に発揮されると考えられている。生きるうえで必要な資質がスポーツ経験を通じて身につけられるとすれば、スポーツはウェルビーイングにも寄与する営みになろう。

誤解された「根性」は、従順さや自発的隷従を強いる。だが、本来の根性は、主体的に困難を乗り越え、変化に対応しうる柔軟性や創造性の獲得にもつながる。この読み替えを行えば、私たちを悩ませつづけた根性論にまつわるジレンマから逃れることができるだろう。

私の生涯の師である元ラグビー日本代表監督の故平尾誠二氏が、生前よく口にしていたことばがある。「科学的根性」である。なんだかんだいっても根性は必要だと捉え、科学的な根拠や合理的な理論をあまりに重視する世間の風潮に警鐘を鳴らしていた。二〇一二年に出版された著書『理不尽に勝つ』は、「レジリエンス」に通底する内容で、主体的に取り組むことの重要性を一貫して主張している。

この考えを引き継ぎ、これからのスポーツに必要な根性論を「科学的根性論」と名づけたい。

ボタンを掛けちがえた一九六〇年代にいったん立ち戻り、そこから根性論を再構築する。「科学的根性論」の体系化には、この温故知新が必要だ。

曲解でも、科学一辺倒でもなく

一九八〇年代以降になると、スポーツ現場に科学が入りこんでくる。練習中は水を飲んではいけないなどという「根性論」に対し、うさぎ跳びの禁止など科学的知見にもとづくスポーツ実践が広まった。筋力トレーニングの導入や高タンパク低カロリーの食事が推奨され、水分補給の重要性が認められて、いまでは積極的に水を飲みなさいと指導される。悪しき、古き考え方としての「根性論」がこれ見よがしに否定されるようになった。すなわち、必要以上に科学を重んじる昨今の風潮は、「根性論」への誤解が生み出したといっていい。

「スポーツ1・0」を根性論の誤解および曲解だとすれば、「2・0」はそれが引き起こした科学への盲従になる。ここではすべてを科学的根拠に求め、心技体の心が著しく欠落している。万能だと思われた筋トレもその方法に多様性が生まれ、古典的な筋トレをしないと明言するオリックス・バファローズの山本由伸《よしのぶ》投手のようなアスリートも出てきた。

ならば「3・0」は、根性と科学の融合となる。レジリエンスとしての根性を認め、心技体の心得に再び息を吹き込まなければならない。

「スポーツ3・0」の試みが、いま求められている。

---

[1] 岡部祐介『スポーツ根性論の誕生と変容――卓越への意志・勝利の追求』旬報社、二〇二一年、九七頁
[2] 同上書、一〇三頁
[3] 同上書、一六三頁

3

私のパス論

「わかり合えた」

それでは「スポーツ3・0」の考察をはじめよう。ここでは球技に不可欠なパスを具体的に取り上げ、現象学にもとづいて考える。現象学とは、あらゆるものを「現れ」のなかで問う学問であり、各人の素朴な経験を思索の出発点とする。経験を詳細に分析することで、パスの実相に迫ってみたい。

球技にパスはつきものである。味方同士でボールをつながないテニスや卓球を除き、サッカー、バスケットボール、ラグビー、バレーボールなどの競技では、いかにパスをなめらかにつなげるかが勝負となる。

現役時代をふりかえれば、寝ても覚めてもパス練習に明け暮れた。狙ったところに投げられるように、またうまくキャッチできるようにと、ひたすら反復した。投げ手（蹴り手）と受け手の意思が通じ合ったパスは、このうえない恍惚《こうこつ》感をもたらす。ラグビーだと、ともすればトライを決めたときよりも興奮するほどだ。お互いの思惑がぴたりと一致した際の、「わかり合えた」という実感が、もうたまらないのである。

ボールを託し、託されるのがパスで、それを支えるのが相手への信頼だから、このたまらなさはひとりとひとりが過不足なく信頼し合った結果として出来《しゅったい》する。パスの本質とはすなわち、信頼関係の構築である。

だから、その投げ方や蹴り方を覚えるだけでは不十分である。お互いのプレーの癖を知り、その性格までも理解したうえでボールをやりとりしなければ、うまくつながらない。投げ手のコントロール、受け手のフレキシブルさは、それぞれ個々で高められるが、タイミングを合わせる作業は共同で行わなければならない。ここにパスの難しさと奥ゆかしさがある。

パスは人間的な成長とともに

パスは人間的な成長とともに上達する。そう考えるようになったきっかけは、保育園ラグビーだった。

現役選手を引退して大学院に通っていたある日、ともに学ぶ保育士の方に声をかけられて園児たちの試合を観た。驚いた。なんと誰ひとりパスをしないのである。ボールを持った園児はボールを片手に抱え、トライラインめがけて走り出す。タックルというよりも抱きつきにくる相手選手をはねのけて前進を図るが、一人、二人、三人に抱きつかれるとやがて動けなくなり、そこに敵味方関係なくたくさんの園児が集まって団子状態になる。するとレフリーが笛を鳴らして仕切り直す。ボールを投げ入れてプレーが再開される。そのくりかえしだ。

なかには味方選手が抱えるボールをもぎ取る園児もいた。おそらく園児たちは、敵味方の区別なく自分とその他大勢という図式のなかでプレーしている。彼、彼女らの頭には、身を挺《てい》してパスをするという意識はなく、ただただ自分がトライを決めようとしていた。

それが小学生、中学生、高校生……になるにつれてパスを覚えていく。自我の芽生えや、心身の成長とともにひとりではほとんどなにもできないことを学び、仲間同士のチームプレーを身につけていく。

無邪気に走り回る園児たちを眺めながら、そう思った。

それは、意地悪なパスか？

私がもっともパスの練習をしたのは神戸製鋼時代だった。

ラグビーファンならご存知だろうが、神戸製鋼は社会人大会を七連覇したこともある強豪で、そのスタイルはランニングラグビーだった。これは細かなパスをつなぎながら相手に的を絞《しぼ》らせない戦い方で、だからパスには相当なこだわりを持っていた。チームメイトのパススキルはこれまで経験したことがないほどに高度だった。

練習でも試合でも、うまくパスがつながらない。味方からのパスにうまく反応できない。入社してすぐのころは苦しみもがいていた。このままではレギュラーになれない。そう危機感を抱いていた。

そんな私に、パスのなんたるかを教えてくれた先輩がふたりいる。

私が務めていたＷＴＢ（ウイング）は、ＣＴＢ（センター）からパスをもらうポジションである。この両ポジションの連携はラグビーでは欠かせない。アタックの生命線だといっていい。

ひとり目は、そのＣＴＢの元木由記雄さんだ。

チームに入ってしばらく、日本代表キャップ（テストマッチ出場数）七九を持つその先輩からのパスがうまくキャッチできなかった。一歩も二歩もタイミングが遅れて目の前にボールが落ちる。なぜそんな意地悪なパスばかり出すのかと不信を抱いてばかりいた。

もちろん、そのたびに怒られた。パスがつながらない原因は私だけではないだろうと、内心では思っていた。でもいえなかった。

肝心なところでミスが出ることでチームにはいやなムードが漂う。それに耐えかね、矢も盾もたまらず元木さんに進言した。もうワンタイミング遅らせてパスをしてくださいと。

すると先輩はこれを一蹴《いっしゅう》した。

「おまえ、あのスペースが見えてへんのか？」と。

スペースとは相手ディフェンスの隙間のことで、そこにボールを持って走り込めば有効なアタックとなる。つまり元木さんは、パスを出しつづけてそのスペースを教えてくれていたのである。

そこから私は、元木さんのパスをどうすればうまくキャッチできるかに工夫を凝《こ》らした。走り出しのタイミングを早める。パスを出すときの元木さんの癖を探る。サインプレーごとに微細なちがいがあるランニングコースを覚える。有効なスペースが生まれやすい情況を知るべく、試合の映像をくりかえし観る。そうしてしばらくしてパスがなめらかにつながるようになったとき、元木さんが口にした「あのスペース」が目の前に開けた。

大学卒業してまもなくのまだ未熟な私が、日本代表として世界を知る元木さんのパスに戸惑うのは当たり前だ。いままで見たこともない軌道で供給されるパスに戸惑い、苛立ちを覚え、あげく進言したのは若気の至りでしかない。経験則を括弧に入れて、自らが合わせなければレベルアップは望めない。

元木さんからのパスをようやくキャッチできるようになったあとに見えたあの光景は、いまでも脳裏に焼きついている。

パスは受け手が鍵

もうひとりは吉田明《あきら》さんである。こちらも日本代表のＣＴＢで、当時のラグビー界では知らない人がいないほどの実力者だ。

吉田さんからは「おまえがほしいタイミングに放ったるから」といわれた。なんと私に合わせてくれるというのだ。悩める当時の私には冗談ではなく神に思えた。勝利を義務付けられ、厳しさがそこかしこに充満するチームで、唯一といっていいほど気さくに話ができる先輩でもあった。

ただし、慌ててつけ加えると、手放しにこちらの意向を汲むわけではない。タイミングが早過ぎても、遅過ぎても怒られた。最低限度のレベルは求める。だが、それを下回らなければこちらが調整する。そういう教えだった。

二〇〇〇年度、第五三回社会人大会決勝のトヨタ戦は忘れられない。前半の半ばに、吉田さんからのパスを受けた私は右隅にトライをした。試合後、「平尾のほしいとこ（タイミング）やったやろ？」と、満面の笑みを浮かべながらいわれた。わかってくれていた。通じ合った。そんな気がした。優勝のよろこびと相まって、当時の記憶は鮮明にこの胸に刻まれている。

どちらも厳しくはあったが、厳しさの質にはそれぞれちがいがあった。たとえるなら、元木さんは自ら前を歩いてその背中を見せる人。吉田さんは伴走しながらときに後ろから背中を押す人だった。対照的なスタイルではあったが、私がこのふたりの先輩から学んだことは計り知れない。

私はここから、パスは受け手が鍵になることを学んだ。流れるようなアタックを支える「阿吽《あうん》のパス」は、「どんなパスでもキャッチしてやる」という受け手の姿勢から生まれるのである。

パスの目的は、場の好転

現場では、投げ手のスキルアップを促す指導が主流だ。ほとんどの指導者は「いいパスをするように」と投げ手の正確性を上げようとするが、これはまちがいではないにしても効果的な指導とはいいがたい。なぜなら、投げ手に重圧がかかるからである。

受け手がキャッチしやすいパスを出さなければという意識は、からだをこわばらせる。パスの軌道や強さを調整しようとするがあまり、意識がからだの内側に向いてしまう。

パスの目的は、その場の情況を好転させることだ。となれば、意識はいつも外に向いていなければならない。対戦相手の布陣を見極め、味方選手のフォローが感じられるからこそ、ここぞというタイミングでパスがつながる。それが連続して効果的なアタックとなる。だから、できるかぎり投げ手の心理的負担は軽くしたほうが好ましい。ボールを保持する選手はただでさえ、ボールを奪わんとする相手選手からの重圧を受けている。キープするために意識の何割かは持っていかれる。それに加えて正確なパスまでを望むのは明らかに過剰である。

投げ手の肩の荷を下ろすために、パスをつなぐための意識の負担を受け手に背負ってもらう。投げ手に比べて受け手が感じる重圧は、ボールをキープしなくてもいいから軽いし、その分だけ情況もよく見える。だから、少々の軌道の乱れやタイミングのズレが生じたパスでも、キャッチできるように準備できる。

想像してみてほしい。ボールを持っている自分の周囲に、どんなパスでもキャッチしてやると待ち構える味方がいる場面を。いざパスを出すとなった際には躊躇《ちゅうちょ》なく出せやしないだろうか。正確なパスにこだわらなければギリギリまで相手を引きつけることもできるし、ここぞというタイミングを狙ってボールをリリースできる。そう思わないだろうか。

パスを正確に出さなければならないという意識はからだを縮こませ、判断を消極的にする。それを避けるために、どんなに稚拙であっても、自分がここだというタイミングでとにかく投げてみる。うまくつながらなかったとしても気にしない。投げ手と受け手がその情況をふりかえればいい。「もっとこうしたほうがよかった」、「次はこうしよう」と、互いの意思をぶつけ合って話をする。そのときに、起点となるのが受け手の構えである。「どんなパスでもキャッチしてやる」という受け手の積極姿勢があって、話し合いははじめて意味をなす。

パスの成否は受け手によって決まるのだ。

4 スポーツ・ウォッシングに抵抗する

二十一世紀の「パンとサーカス」

前節では、パスという個別具体的な事象を「虫の目」で掘り下げた。本節では、視点を上空に飛翔させ、「鳥の目」で「スポーツ3・0」を考察する。その際に欠かせない概念が、「スポーツ・ウォッシング」だ。

「スポーツ・ウォッシング」とは、一九九二年のバルセロナ五輪に出場経験がある元サッカー選手で、米国パシフィック大学教授のジュールズ・ボイコフ氏が五輪を批判する論点のひとつである。その意味は「スポーツイベントを使って、染みのついた評判を洗濯し、慢性的な問題から国内の一般大衆の注意をそらす[1]」ことだ。私なりにいい換えると、権力者が自分たちにとって都合の悪い事実をスペクタクルへの熱狂で覆い隠すこと、になる。

これはまさに、ローマ帝政期における愚民政策のモットー、「パンとサーカス」そのものである。もともと「パンとサーカス」は古代ローマの詩人ユウェナリスのことばで、その詩篇において、ローマ市民が食糧と娯楽を無償で与えられることで政治に対して従順になっていく様子を記した描写に由来する。これが二十一世紀に入ったいまでもまだ行われているというわけである。

東京五輪が開幕してまもなくの二〇二一年七月、自民党の河村建夫元官房長官は「東京五輪がなければ国民の不満が我々政権に向く」と口にした[2]。日本代表選手たちが活躍すれば次期衆院選に向けて政権与党への追い風になるとの認識を示したのである。「アンダーコントロール」という嘘で大会を招致し、「復興五輪」や「アスリートファースト」という張りぼてのスローガンを掲げつつ、エンブレムの盗用疑惑や大会組織委員会の組織人事のゴタゴタをものともせずに、医療従事者による猛反対に遭いながらも開催を強行したのが東京五輪だった。これらに加え、各被災地の復興の遅れや原子力発電所の是非など、とてつもない時間がかかり終わりの見えない問題がもたらす不安を、五輪の熱狂で洗い流す。スポーツに固有の健全なイメージとそのイベントがもたらす祝祭性によって、私たち国民の不満を逸らす。つまり河村氏は、五輪というスポーツイベントの政治利用を高らかに宣言したのである。

二〇二二年十一月開催のサッカーW杯カタール大会もまたそうだった。クローズアップされたのは、スタジアムなど関連施設の建設に関わる移民労働者の劣悪な労働環境である。猛暑のなかで多くの人が低賃金で長時間労働を強いられており、米国人権団体ヒューマン・ライツ・ウォッチは、低所得者層の移民たちへの賃金未払いや制限的な労働慣行、原因不明の死亡を批判した。英ガーディアン紙は、開催が決定した二〇一〇年から二〇二〇年までに少なくとも六五〇〇人が死亡したと伝えている。また、カタールでは同性愛を違法とし、当国の治安部隊がレズビアンやゲイなどの性的少数者を恣意的に逮捕しているとも報告されている[3]。

大会をめぐる人権侵害への告発や抗議行動が、世界中で頻発したのである。招致から開催に至るまでに人権侵害が横行するこの事態は、先の東京五輪を彷彿《ほうふつ》とさせる。開催地やスポンサー各社の社会的存在感を高め、莫大な経済効果を得るために名もなき人たちが犠牲になるこの構図が、「スポーツ・ウォッシング」である。

なぜ秩父宮ラグビー場を「改修」ではなく「移転」するか

二〇二三年が明けてすぐ、私は秩父宮ラグビー場の移転整備に反対の意を示すネット署名をはじめた。樹齢百年を超える巨木を含む約三〇〇〇本の樹木を伐採する神宮外苑再開発の一環として、隣の敷地に建つ神宮球場とほとんど入れ替えるかたちでの移転整備に疑義を唱えたのである[4]。

屋根が開閉しない全天候型で人工芝が敷き詰められたグラウンドは、まるでラグビーにはふさわしくない。収益性を高めるためにシーズンオフを利用して多目的なイベントが行えるような設《しつら》えにしたと開発側は主張するが、ライブコンサートなどで必要となる巨大スクリーンを観客席に作ることで、収容人数が現在の約二万五〇〇〇人から一万五〇〇〇人に減らされるというのは、まさに本末転倒だ。名称だけはラグビー場を留めているものの、内実は多目的施設で、もはやこれを「ラグビーの聖地」とは呼べない。

そもそも、なぜ改修ではなく移転が必要なのかも不明である。

たとえば日本最古の球場である「甲子園」は、二〇〇七年から三期に分けての大改修工事が行われ、いまもなお彼の地にて使用されているし、世界に目を向けても改修が主流である。

一九〇九年に建てられたラグビーの本場イングランドにあるトゥイッケナム・スタジアムは、改修を重ねながらいまもなお現存している。周囲の風景と調和するその場所で、試合の記憶を堆積させながら独自の存在感を醸し出している。スタジアムに足を運べばかつて観た試合がありありと思い出され、それがどれだけ凄い内容だったかを祖父が孫に語りはじめることもあるだろう。世代を超えた語りが生まれるこうしたスタジアムこそが、まさに聖地である。

伝統を守るには、マイナーチェンジをつづけながらできるだけ長くその場に留めおくという微調整が必要だ。そうしてはじめて遺産となる。この遺産は、昨今、スポーツイベントの成果を示す際に為政者らがよく用いる「レガシー」とは似て非なるものだ。堆積する時間のなかで徐々にかたちづくられるものが遺産なのに対し、「レガシー」はそうあってほしいという願いでしかない。堆積された時間、つまり過去をふりかえったときに立ち現れるのが遺産であり、いまはまだなきものを都合よく未来に想定するのが「レガシー」だ。わざわざカタカナ表記にする所作からは、行為を正当化するために利用したいという恣意が透けてみえる。

そしてなにより度し難いのが、この移転整備にあたって「百年の森」が破壊されることである。

国民の寄付や献木によって一九二六年に造営された神宮外苑は、日本初の風致《ふうち》地区として百年先を見据えて計画的につくられた近代都市公園である。息づく樹木の伐採もさることながら、未来を見据えた先人たちの壮大な思いを踏み躙《にじ》ることは、私にはできない。開発側は植樹すると主張するが、専門家は元通りに根を張る蓋然性はかぎりなく低いと指摘する。百年後には自然の森になるようにとの願いをしかと受け取り、そのまた未来へとつなぐ責務が私たちにはある。

　地球環境を破壊してまでの新設は、ＳＤＧｓが叫ばれるいまの時代にも逆行する。都心の一等地を経済的に有効活用するという「資本の論理」によって失われるものは、あまりにも大きい。大き過ぎる。

　さらにこの神宮外苑再開発は、もとをたどれば東京五輪にもつながる。

　風致地区とは、良好な自然景観を維持するための厳しい基準が定められた区域を指す。景観を維持するために、建築物の高さが一五メートルに制限されている。だが東京都は、公園指定を解除して事業者による再開発を可能にする「公園まちづくり制度」を、二〇一三年に創設した。これにともない、新国立競技場建設を口実にして高さ制限を七五メートルに緩和した。さらに容積移転[5]を駆使して、一気に一九〇メートル超の高層ビルの建設も可能にしたのである。ご存知の通り二〇一三年は、当時首相の安倍晋三氏が「アンダーコントロール」と嘯《うそぶ》いて東京五輪を招致した年である。

「神宮外苑再開発は東京五輪招致（特に新国立競技場建設）と密接に関係しており、遅くとも二〇一三年から水面下で着々と進んでいたことを示しています」と、ジャーナリストの犬飼淳氏は述べている[6]。

いま、スポーツは政治的にも経済的にも利用されている。ときの権力者が都合の悪い事実を洗い流すという意味の「スポーツ・ウォッシング」が横行している。スポーツに張りついた健やかなイメージが、強力な「洗浄効果」を生み出しているのだ。この現実を直視したうえで、スポーツ界からノーを突きつけなければならない。

このまま拱手傍観《きょうしゅぼうかん》すれば、やがてスポーツは見向きもされなくなるだろう。もしかすると悲観的に過ぎる見立てだと思われるかもしれない。だが、石鹸も使いつづければすり減り、いずれなくなる。すり減って小さくなった石鹸のようにスポーツが邪険に扱われる未来は、見たくない。これ以上、都合よくスポーツが利用されるのを、看過してはならない。

［1］ジュールズ・ボイコフ著、井谷聡子・鵜飼哲・小笠原博毅監訳『オリンピック　反対する側の論理──東京・パリ・ロスをつなぐ世界の反対運動』作品社、二〇二一年、二三頁

［2］「選手の活躍『政権に力』」共同通信、二〇二一年七月三十一日

［3］「『同性愛は違法・劣悪労働』カタールに人権大国・米国が知らんぷりの裏事情」ダイヤモンドオンライン、二〇二二年十二月二日

［4］二〇二三年四月十三日現在で一万七〇〇〇人を超える署名が集まり、三月二十八日にはスタジアム移転整備の見直しを求める要望書を小池百合子都知事宛に提出した。

「カタールW杯の期待に隠れた現実」Global News View、二〇二二年十月二十七日

［5］容積移転とは、ある土地の未利用の容積率を隣接・近接する土地に移転して活用する、土地の高度利用手法のひとつ。

［6］犬飼淳「樹木伐採だけでなく、野球・ラグビーの文化も破壊する神宮外苑再開発の全体像」犬飼淳のニュースレター、二〇二三年四月六日

第二章

東京五輪はスポーツになにをもたらしたのか

5 五輪は特別ではない

スポーツ界からもあがった異論

東京2020大会は、新型コロナという未曽有の災禍の中で、多くの方々の協力の下、安全・安心に成し遂げることができました。都政は今、大会を通じて生み出された様々なレガシーを発展させ、「未来の東京」の実現に向けた歩みを本格的に進める、新たなステージに立っています。

（東京都オリンピック・パラリンピック競技大会ホームページ「未来へつなぐTOKYO2020の記憶」より）

東京オリンピック・パラリンピック（以下、東京五輪）は、表向きには成功を収めたことにされている。だが、新型コロナウイルスの感染状況が第五波の真っ只中に行われたこの大会が、開催をめぐる賛否で世論を二分したことを私たちは知っている。NHKが開催一年後に総括したレポートに、「国民の賛否が分かれる中での開催といった異例づくめのもの、当時の世相の実態を客観的かつ公正に記している通りである。

当時をふりかえってみる。

二〇二一年三月、大手広告代理店が十四歳以上のテレビ視聴者男女各九〇〇人を対象に実施した東京五輪に関する緊急アンケートでは、約七割が開催に反対していた。大手企業でも、条件的不支持、全面的不支持を合わせて反対が六五パーセントを占めた[2]。国外でも、民間が実施した新型コロナウイルスをめぐる日米欧六カ国の世論調査によれば、東京五輪開催に反対する回答が日本と英国、ドイツで過半数を占めていた[3]。

この事態を受けて、わずかながらスポーツ関係者からも声が上がった。

現役アスリートでは、水泳の松本弥生《やよい》選手が毎日新聞のインタビューに、「一国民として言うなら、今やるべきではないとも思う」と、葛藤を抱える胸の内を吐露した[4]。陸上の新谷《にいや》仁美選手も、「選手だけが『やりたい』では、ただのわがまま」だと、国民が望まない情況下で開催することに一貫して疑問を投げかけつづけた[5]。

元アスリートでは、陸上選手だった有森裕子氏がアスリートファーストではなく「社会ファースト」を[6]、元柔道家で日本オリンピック委員会（以下、JOC）理事（当時）の山口香《かおり》氏は「オープンな議論」をと、開催ありきではなく本質的な視点から大会のあり方を見直すように訴えかけていた［7］。

　パンデミック以前を思い起こせば、スポーツ界からも異論が噴出するこの事態には驚かざるをえない。なぜなら私が東京五輪の返上を訴えた二〇一七年ごろは、開催に否定的な意見はほんの一部だったからだ。

　当時の私は、元アスリートでありながらスポーツの祭典に反対の意を表明する、奇特な人に思われていた。スポーツ関係者が集まる場に足を運んでも、ほとんどの人はまるで腫《は》れ物に触るように東京五輪の話題を避けた。会話の流れでふと東京五輪の話になっても、途端に話題を変えられる。

　議論を戦わせてもいいから真正面から話をしたい。スポーツに関わる者同士でいまこそきちんと語り合おう。こちらとしてはその用意ができているのに、なぜ話をしようとしないんだ。

　もどかしかった。自らの主張がかき消されてゆくようで、虚《むな》しかった。

「不都合なことは見えないフリをする。それでいいのか？」と苛立つこともあった。擁護してくれる人はいたものの、そのほとんどはジャーナリストやスポーツ以外の研究者で、スポーツ分野の当事者と名乗れる人は皆無だった。

下落するスポーツの価値

開催を間近に控えたあのころ、日本社会は「オリンピック幻想」から醒《さ》めつつあった。新型コロナウイルスの蔓延が東京五輪を覆っていたベールを剝《は》ぎ取り、肥大化した五輪の存在に、ようやく懐疑的なまなざしが向けられるようになった。コロナ禍で生活が制限されるなかで、五輪だけがなぜ「特別扱い」されるのか。そう疑問を投げかける人が、長らくつづく自粛生活への不満が引き金となって急増したのである。

それにともない、スポーツそのものの価値もゆっくりと、でも確実に下落しはじめた。その兆候に気がついたのか、水泳の萩野《はぎの》公介選手は五輪組織委員会元会長である森喜朗《よしろう》氏の女性蔑視《べっし》発言を批判したうえで、「アスリートが一番、スポーツの価値を考えていかないといけない」と持論を展開した[8]。

もしこのまま東京五輪が強行開催されればスポーツに対する世論の目はさらに厳しくなるだろう。たとえ開催中止に至ったとしても、これまでの騒動がもたらしたスポーツに対する懐疑のまなざしは、そう簡単には解消されないはずだ。いまの情況をただ静観すれば、もしかすると五十年後には「スポーツなんてやってんの？　めずらしいねえ」という人が出てくるかもしれない――。これほどまでの危機感を、私は開幕を控えた二〇二一年三月に抱いていた。

医療体制が逼迫するなかで

二〇二一年五月になっても、東京五輪は開催に向けて、その歩みを止めることなくひた走っていた。変異株の流行で国内の感染者が増えつづけるなかでも、主催者側は強行開催の姿勢を一向に崩さなかった。開催を見直す素振りすらみせないその態度に、私のなかで焦りと怒りが渦巻いていた。

テレビやネットから東京五輪関連のニュースが流れてくるなかで、これぞ愚の骨頂だと感じたのは「看護師五〇〇人の派遣要請」だった。三度目の緊急事態宣言が出される直前の二〇二一年四月上旬に、大会組織委員会（以下、組織委）は、大会期間中の医療スタッフとして看護師五〇〇人の確保を日本看護協会に原則ボランティアで要請したのである［9］。

このニュースを目にしたとき、周囲の音がかき消され、時が止まるとともに目の前が真っ暗になった。「怒髪天《どはってん》を衝《つ》く」という表現は、まさにこういうときに用いるのだろう。

組織委の武藤敏郎事務総長は会見で、「医療体制が逼迫しているのは重々承知している。

地域医療に悪影響を与えないようにするのが大前提」だと述べた[10]。

意味をたどれば、医療体制や社会への配慮を思わせる文面ではある。だがこれは、医療現場の実情を把握していない人にしか口にできないことばだ。もし「重々承知」しているのなら、あらたに看護師を派遣してもらうことが引き起こす医療現場へのさらなる負担に、思いが及ぶはずだ。そこにはうしろめたさがつきまとうがゆえに、慎重にことばを選びつつ情理を尽くして語らざるをえない。だが、武藤氏の口ぶりにはためらいがなく、誠実さが感じられなかった。決定事項なのだから仕方がないと、開き直っているように見えた。

案の定、そのあとただちに医療関係者からの反発が起こった。

愛知県医労連などが Twitter デモを行い、ハッシュタグ「#看護師の五輪派遣は困ります」がトレンド入りした[11]。また東京都立川市の立川相互病院では、「医療は限界　五輪やめて！」「もうカンベン　オリンピックむり！」と書かれた紙が窓に貼り出された[12]。さらには本番に向けた陸上のテスト大会が開かれた国立競技場周辺では、「医者もナースも限界だ」などと市民団体によるデモが行われた[13]。

医療従事者の仕事は感染者の治療だけではなく、ＰＣＲ検査後に陰性が判明するまでの患者への対応や、本来は清掃業者が担うはずの「レッドゾーン」内のトイレや床の掃除も行っていた[14]。また、国からの通達で月四回に制限されている夜勤も、月六、七回やらないと回らず、妊娠しても夜勤を免除できないほど現場は人手不足だった[15]。

ウイルス感染で亡くなった人は、すぐに納体袋に入れられたという。遺族はその遺体を、納体袋のチャックを閉める直前にドア越しで見るだけとなり、最期のお別れができない。やり場のない悲しみを抱える遺族に立ち会う心境がどれほどのものかは、想像するにあまりある。

家族や友人に心配をかけ、感染を恐れる周囲からの偏見にさらされながらも、最前線に立ちつづける医療従事者がいた。彼、彼女らがいたからこそ、当時の社会はかろうじて成り立っていたのだ。

入管局長からの内部通達

他にも東京五輪が社会に及ぼした重大な影響がある。出入国管理及び難民認定法（入管法）の改正だ。

二〇一六年に入管の局長名で、「東京五輪の年までに、不法滞在者ら社会に不安を与える外国人を大幅に縮減することが喫緊の課題」という内部通達が出されている。これ以降、不当に収容される外国人が明らかに急増したといわれている。

不法滞在者のなかには命からがら母国から逃げ出した人もいる。生まれ育った国での生活を捨ててまで逃げ出すには、相当な覚悟がいる。幼いころからともに暮らした人たちと別れてまで逃げ出さざるをえなかったのだから、そこにはよほどの事情がある。それを一様に「社会に不安を与える外国人」として、長期にわたり施設に収容するのは血も涙もない人間の所業だろう。助けを求めた彼らの手をはたき落とすようなこの通達が、東京五輪の開催に向けて出されていたことは、決して忘れてはならない。

アスリートではなく「お金」のため

それにしても主催者側がここまで非人道的にふるまい、多大な犠牲を払うことを厭《いと》わず開催に固執する理由はどこにあったのか。

五輪開催前に、米有力紙が東京五輪の中止を促す記事を相次いで掲載した[16]。そのうちのひとつ「ワシントン・ポスト」は、執筆者でスポーツジャーナリストのサリー・ジェンキンス氏が、「いまのこの段階で夏季五輪の決行を考える人がいるとしたら、その主要な動機は『お金』である」と述べ、命よりもお金を優先する国際オリンピック委員会（以下、IOC）の会長のトーマス・バッハ氏を「ぼったくり男爵」と揶揄《やゆ》した［17］。

これだけ明確に、しかもユーモアを交えながら開催中止を訴えかける記事は、国内では目にすることはできなかった。なぜなら、東京五輪のスポンサーに大手新聞社が名を連ねていたからである。五輪招致から閉幕に至るまで、各社は批判的な意見を意図的に見落とし、たとえ掲載したとしても両論併記などオブラートに包んだ報道に終始した。オフィシャルパートナーの読売新聞、朝日新聞、毎日新聞、日本経済新聞、オフィシャルサポーターの産業経済新聞、北海道新聞が、五輪礼賛ムードの情勢を、静かに薪をくべつづけるように下支えしたのである。

ジェンキンス氏が指摘したように、主催者およびそのスポンサーがひた隠しにしてきたものは「お金」である。なりふり構わず開催に固執するのは莫大な「お金」が得られるからだ。しかもそれは一部の人たちだけが与《あずか》る恩恵にすぎない。五輪は、アスリートのためでもなく国民のためでもない。お金儲けを目的とする商業イベントだった。

私たちがどれだけの犠牲を払おうとも、IOCは莫大な放映権料をぼったくるために開催を強行した。そのことに気づいた私たちがとるべき選択肢はひとつしかない。

決別である。

「すべての人たち」が健やかに過ごせる社会は理想にすぎないかもしれない。だが、それは目指さないかぎり達成できないし、目指さなければやがて社会は野蛮に堕《だ》す。理想を追い求めるプロセスを通じて、いわばその運動性をエネルギーにして、かろうじて実現するものが「理想の社会」だからだ。

商業主義に毒された五輪に反対の意思を示しつづけることが、理想の社会に一歩でも近づく道筋だ。社会に対して「災害規模の負担[18]」をかけなければ開催できない五輪とは、この機にきっぱりと決別しなければならない。

---

[1]「あれから一年〝自国開催〟という夢のあと～東京五輪 残されたのは～」NHK WEB特集、二〇二二年七月二十二日、傍点は筆者による。
[2]「大企業六五パーセントが東京五輪開催に『NO』」週刊フラッシュ、二〇二一年三月二十三日号
[3]「五輪開催反対、日本が最多＝英独も過半数――民間の六カ国調査」JIJI.COM、二〇二一年三月三日
[4]「『五輪の価値下げないで』ツイートの本音　アスリートの前に一国民、だから発信」毎日新聞、二〇二一年二月十八日
[5]「望まれる五輪こそ」しんぶん赤旗、二〇二一年一月二十日
[6]「令和未来会議『あなたはどう考える？東京オリンピック・パラリンピック』」NHKスペシャル、二〇二一年三月二十一日放送。LITERA、二〇二一年三月二十二日

[7]「五輪開催オープンな議論を　JOCの山口香理事」共同通信、二〇二一年一月二十八日
[8]「競泳萩野、森氏発言に『信じられない』現役選手で異例の表明」日本経済新聞、二〇二一年二月十日
[9]「五輪組織委、看護師五〇〇人の派遣を要請」毎日新聞、二〇二一年四月二十六日
[10]「五輪組織委員会、看護師五〇〇人の確保を依頼」スポーツ報知、二〇二一年四月二十七日
[11]「#看護師の五輪派遣は困ります　デモツイート一〇万件超え」デイリースポーツ、二〇二一年四月二十八日
[12]「『医療は限界　五輪やめて』病院窓の叫び、院長の思い」朝日新聞、二〇二一年五月七日
[13]「国立競技場周辺で五輪反対デモ『医者もナースも限界だ』」共同通信、二〇二一年五月九日
[14]平尾剛「現代のことば」京都新聞、二〇二一年一月十五日
[15]「『五輪、無理だ』警備トップ『爆弾証言』」週刊文春、二〇二一年五月二十日号
[16]「東京五輪『中止する時がきた』米有力紙が相次ぎ掲載　かつての五輪選手も批判」東京新聞、二〇二一年五月十二日
[17]「米紙『日本政府は損切りし、IOCには「略奪するつもりならよそでやれ」と言うべきだ』」クーリエ・ジャポン、二〇二一年五月七日
[18]ジュールズ・ボイコフ『オリンピック　反対する側の論理――東京・パリ・ロスをつなぐ世界の反対運動』作品社、二〇二一年、二二五三頁

6 アスリート・アクティビズム

日本スポーツ界の反応のなさ

二〇二一年七月、新型コロナウイルスの感染が拡大し、第五波の到来を受けて四回目の緊急事態宣言が発令されるなかで、東京五輪は開幕を迎えようとしていた［1］。選手団をはじめ外国からたくさんの関係者が来日すれば、感染者の増大は避けられそうもない。人工呼吸器の不足など医療が逼迫《ひっぱく》すれば、社会不安はいっそう高まる。そう懸念されていた。

国民の命や健康を守ることよりも商業イベントの開催を優先するこの国に、私はある種の狂気を感じていた。まるで映画か小説の世界に生きているような非現実感が拭えなかった。

そんな私の胸の内をさらにざわつかせたのは、「アスリートの沈黙」だった。当事者であるはずのアスリートおよび関係者からの声がほとんど聞こえてこない。パンデミックのさなかに多大な感染リスクが見込まれる大会を開催することを、国民同士が肩を寄せ合いながら生きる社会の一員としてどう考えているのか。まるで泡（バブル）のように選手などの関係者を外部と隔離する「バブル方式」が穴だらけで、感染対策がきわめて杜撰《ずさん》であることに、不安を感じてはいないのだろうか。時をさかのぼって、「復興五輪」や「アスリートファースト」「レガシー」「コロナに打ち勝った証」や「夢や感動を与えて絆を取り戻す」など、そのときどきでころころ変わり、空語でしかないスローガンをどのように感じているのか。皆目わからない。

自らが依って立つところの事象に対して意見を表明することは、民主主義社会を生きるひとりの人間として当然である。パンデミックという未曽有《みぞう》の事態に各分野から意見が飛び交っていたにもかかわらず、前述の一部の選手たちを除き、スポーツ界からそれが出ないのが薄気味悪かった。

一九六八年のブラックパワー・サリュート

なぜアスリートをはじめとするスポーツ界から意見が聞こえてこないのか。成城大学の山本敦久《あつひさ》氏は、社会的な発言に二の足を踏むアスリートの心的構造は歴史的につくられたものだという［2］。

一九六八年のメキシコ五輪で、陸上男子二〇〇メートルに出場したアフリカ系アメリカ人のトミー・スミスとジョン・カーロスは、当時の世界新記録で金メダルと銅メダルを獲得した。表彰台に立ったふたりは、うつむきながら黒い手袋をした拳を高く突き上げ、世界に蔓延る人種差別への抗議を示した。黒人公民権運動の象徴である「ブラックパワー・サリュート」（黒い拳を高く掲げる敬礼）を行ったのである。

ふたりはシューズを脱いで表彰台に立った。スミスは黒いスカーフをまとい、カーロスはビーズのネックレスを着けていた。「シューズを脱いだ」のは南部の子供たちの貧困を、「黒いスカーフ」は南部で縛り首になった者たちを表現したのだと、後年にカーロスは説明している。「ビーズのネックレス」は奴隷船から投げ出されてサメの餌になった者たちを、「彼らは「歴史のなかで忘却され、誰にも祈りを捧げられなかった者たちの追悼を表現していたのである[3]」。

また、同種目で銀メダルを獲得し、彼らとともに表彰台に立った白人のピーター・ノーマンも、「人権を求めるオリンピック・プロジェクト」のバッジを胸につけて彼らに賛同の意を示した。

山本氏はこの抵抗運動について、「黒人アスリートがメダルを獲得したとしても、黒人コミュニティの貧困や教育・医療環境がよくなるわけではない。オリンピックという擬似的な世界で英雄視されても、アメリカに戻れば、白人と同じレストランやバスやトイレを使うことすらできない。自分たちは、アメリカの白人支配層のために日々血や汗を流しているのではないか。こうした理想と現実の乖離《かいり》のただなかで沸き起こってきたのがオリンピックに反対する黒人たちの運動であった［4］」と述べる。

社会に変化をもたらすために特定の思想にもとづいて意図的な行動をとることを、アクティビズム（積極行動主義）という。当時のアスリートのなかには、トミー・スミスやジョン・カーロス、そしてピーター・ノーマンのように、社会問題を自分事として捉え、意思表示を積極的に行うアクティビストたちがいた。

彼らと同じか、それ以上に有名なのが、元ボクシング選手のモハメド・アリだ。一九六〇年のローマ五輪で獲得した金メダルをオハイオ川に投げ捨てて五輪が抱える理想と現実の矛盾を知らしめ、人種差別と闘った人物だ。白人支配者層を公然と罵《ののし》り、世界に離散した黒人ディアスポラたちの連帯を叫んだ。ベトナム戦争への徴兵を拒否して社会に反戦を訴えかけた彼の叫びは、いまもなおこの世界にこだましている。

身を挺した彼らの抵抗運動は、スポーツ研究者のあいだではすでに共有されている。当時を生きた人々およびスポーツ史に明るい人にも周知の事実であろう。彼らの行動はそれだけのインパクトがあった。だが、時代が下るにつれて忘却の彼方に追いやられた。忘れっぽい世間には、もう彼らの存在を知る人は少ない。

歴史は、ことあるごとに呼び覚まし、いまをよりよく生きる知恵を汲み出すためにある。社会的な発言を厭わない気骨のアスリートが、過去にはいたのだ。

仕組まれた沈黙

彼らの勇敢な行動はおもに美談として語られがちだが、この物語にはつづきがある。勇気ある行動に出た彼らは、その後をどのように生きたのか。

ジョン・カーロスも、トミー・スミスも、競技資格を剝奪され、陸上界から追放された。ピーター・ノーマンも、黒人側に立ったことをバッシングされ、陸上界に戻ることなく命を落とした。モハメド・アリもまた世界タイトルを剝奪され、ボクシングライセンスまでをも失って、禁固五年という重刑を宣告された。最高裁で逆転判決を勝ち取ったが、ボクサーとしての全盛期の約四年間をアリは失うこととなった。

これまで五輪は、政治的なパフォーマンスをするアスリートに対して厳しい制裁を加えてきた。そうして社会に影響力を及ぼすアスリートの口を封じてきたのである。

そしてこの姿勢はいまも変わっていない。

二〇二〇年一月にＩＯＣのトーマス・バッハ会長は、東京五輪で政治的なパフォーマンスなどを禁止するとあらためて強調した[5]。ソーシャルメディアの個人アカウントや公式メディア会見で政治的見解を示すことは認めたものの、従順なアスリートならば、このメッセージに込められた政治的および社会的な発言をするなというニュアンスを汲み取るだろう。

多くを語らず競技だけに打ち込むのがアスリートの役割だという心的構造は、こうして長い時間をかけて形成されてきた。政治的なパフォーマンスをしたアスリートを、容赦なく罰することによって、その口を封じてきた。

アスリートだってひとりの人間なのだから、そのときどきの社会情勢や政治的な出来事に対してなんらかの意見を持って当然だ。周囲の人間にシンパシーを感じ、その不遇や不幸を憂《うれ》いて矢も盾もたまらず行動に出ることだってある。それを罰する権利などあるはずがない。社会的弱者の気持ちを代弁したという意味ではむしろ歓迎すべきなのに、それを厳しく退けるのは、自分たちが不利益を被ることへの恐れに他ならない。裏を返せば、Ｉ

OCはアスリートの言動が社会に及ぼす影響の大きさを認め、恐れているといえる。アスリートは競技だけしていればいい。政治的な発言をするのはおかしい。怒りすら込めてそう主張する人たちは、実はIOCが長年かけて仕組んだ「アスリートの沈黙」を無自覚に受け入れているだけなのである。

大坂なおみ選手の黒いマスク

一縷《いちる》の望みはある。テニスの大坂なおみ選手だ。

大坂選手は二〇二〇年の全米オープンテニスで、黒いマスクを着けて会場入りした。そのマスクには、アメリカで警察の人種差別的な暴力に遭った黒人犠牲者の名前が書かれていた。毅然とコートに向かう彼女の姿を憶えている人は多いだろう。いまだアメリカ社会でつづく人種差別に抗議を示すこの行動は、瞬く間に世界に広がり、称賛の声があふれた。社会問題に鋭く切り込んだ彼女の選手生命は、いまも脅かされてはいない。時代は変わりつつある。

前述の元柔道選手の山口香氏もそうである。JOC理事（当時）でありながら、以下のような提言をするその勇気には感服する。

選手たちも五輪と向き合ういい機会だ。国民がこれだけ「今回は無理ではないか」と叫んでも、強硬に開催する理由を言えるだろうか。(…)選手にはこの経験を糧に言葉を持ち、議論できる人間に成長してほしい。そして再び心から応援してもらえるスポーツ界に変えていく気概を期待したい。[6]

「再び心から応援してもらえるスポーツ界に変えていく」という文言には、スポーツ界の現状に対する危機感が表出している。心から応援してもらえなくなったいまのスポーツ界を変えるために、私たちは行動しなければならない。歴史の要請から自由になるためには、山口氏もいうように、ことばをもつことが必要だ。大坂選手の行動がおもにソーシャルメディアを通じて広がったこと、またＩＯＣもそこでの発言は認めていることからも、まずはスマホやパソコンのまえで気概をみせてはどうだろう。

社会に感動を届けられる存在だと自負するのであれば、社会問題に声を上げ、行動に移す。そして、メディアをはじめとする世論が、その言動を真摯に受け止める。アスリートの自覚と、彼らの発言や行動を批難しない空気を作る。そうすることでアスリート・アクティビズムが再び活性化すれば、スポーツは刷新されるだろう。

[1] 七月十三日時点で東京都の実効再生産数は一・二一（東洋経済オンライン、二〇二一年七月十四日確認）。一週間当たりの感染者数が前の週の一・二倍前後になる状態が二週間以上つづいており、急激な拡大が懸念される情況になっていた（NHK NEWS WEB、二〇二一年七月十二日）。

[2] ポスト研究会「六月二十三日全国・全世界同時行動『今がやめ時、オリンピック即刻廃止！』」(https://note.com/posken/n/n8f8b6dd2ed51)

[3] 小笠原博毅・山本敦久編『反東京オリンピック宣言』航思社、二〇一六年、二三五頁

[4] 同上書、同頁

[5]「東京五輪での抗議パフォーマンスは禁止、IOC会長が強調」AFPBB News、二〇二〇年一月十一日

[6]「対話なき五輪　平和の祭典なのか」神戸新聞、二〇二一年六月一日

【参考文献】

天野恵一・鵜飼哲編『で、オリンピックやめませんか？』亜紀書房、二〇一九年

7 スポーツ「と」五輪——閉幕後にふりかえって

別のパラレルワールド

二〇二一年八月、東京五輪が閉幕した。

いざ終わってしまえばあっという間の十七日間だったが、開催中は時が経つのが遅く感じられ、あたりに漂うお祭りムードとは裏腹に私の心はずっとざわついていた。

開幕するや否や、テレビやパソコン、スマホの画面は五輪関連のニュース一色となった。開幕前後の、この劇的なまでのムードの切り替わりはいまにはじまったことではないが、パンデミック下という特殊な情況において開催されたこのたびの東京五輪では、違和感を拭えなかった。開幕前に感じていた非現実感に拍車がかかり、「ここ」とはちがう別世界の出来事のようにしか思えなかった。

開幕してまもなくの七月二十九日、ＩＯＣのマーク・アダムス広報部長は、新型コロナウイルスの感染拡大と東京五輪の開催が無関係であることを主張するために、両者は「パラレルワールド（並行世界）」だと表現した［1］。だが、そもそも両者の因果関係は、詳細な調査を積み重ねることによってこれから明らかにすべきことだ。開幕直後のこの段階では「関係している」とも「関係していない」とも断じることはできない。

とはいえ東京五輪の開催が感染拡大をもたらした「一因」になる蓋然性は高い。だとすれば「関係しているかもしれない」と仮定し、その蓋然性から目を背けず科学的な調査をふまえて判断するのが妥当である。

マーク・アダムス氏だけでなく菅義偉《すがよしひで》首相（当時）や小池百合子都知事もまた、東京五輪の開催が感染の拡大に無関係であるとの発言をくりかえした［2］。ここからは主催者側の欲望が透けてみえる。つまりこれは、コロナ禍に見舞われている社会から五輪を切り離す情報操作である。

コロナ禍を生きるひとりの人間として、「自粛の強要」という矛盾を強いられる生活世界と、画面越しの東京五輪がどうしても地つづきとは思えなかった私は、これとはちがった文脈で「パラレルワールド」を経験していた。恣意的に押しつけられる「感染拡大と東京五輪」ではなく、地べたに生きるひとりの人間の意識から立ち上る「生活世界と東京五輪」という分断を感じていたのである。

観察・反対している私は観戦を楽しむか

開幕前、私はある試みを目論んでいた。

元アスリートの立場から反対の意を明らかにしつづけてきた身としては、端《はな》からこの東京五輪を楽しむことはできないと思っていた。観戦する気もさらさらなかった。その一方で、スポーツ好きな私はもしかすると、いざ開幕すれば楽しんでしまうかもしれない。声高に反対を叫びながらも、心の奥では各競技を観て楽しむ自分がいるかもしれないとも思っていた。感情のすべてを理性で制御することはできないからだ。

その感情、つまり心の動きを観察する。自分がどのように感じるのかを俯瞰的にみる。そうすれば、五輪が多くの人心をつかんでやまない理由がわかるかもしれない。いわば研究者としての自分が、元アスリートである自分を研究対象にしようと考えていたのである。

結果は先に示した通りで、楽しみたくても楽しめず、「興醒《きょうざ》め」が心を覆い尽くした。ラグビーというスポーツに夢中になり、それを通じてさまざまなことを身につけた自らの過去すらも否定したくなるような、引き裂かれた思いが胸中に渦巻いた。楽しめずにいる自分を認めるまでには時間を要した。いや、いまでもまだ十全には認められていないかもしれない。

「アスリート・アクティビズム」再興の兆し

楽しめない自分と向き合うなかでふと気づいたことがある。それは、五輪を否定したとしても、スポーツそのものに興醒めしているわけではないということである。

五輪開催中、リアルタイムでの観戦はほぼ皆無だったが、五輪関連のニュースを追いかけ、半ば仕事としてメディアが報じる記事を読み漁《あさ》っていた。そのなかでわずかながらも心がポジティブになる瞬間があった。

対戦する両選手および審判が試合前に片膝をついて、人種差別への抗議を示した、女子サッカーの日本対イギリス戦である[3]。この膝つき行為は、二〇二〇年にアメリカで起きた白人警官による黒人男性の暴行死を機に広がった、「ブラック・ライブズ・マター（BLM）」への共感を示す。先に述べた大坂なおみ選手の「黒マスク」とも軌を一にする。

女子砲丸投げのレーベン・ソーンダーズ選手（米国）も、表彰式で頭の上に両手を交差させて「X」のかたちになるポーズをつくり、「抑圧された人々」への連帯を示す抗議行動を行った[4]。この「X」は、抑圧されたすべての人々が出会う交差点を意味し、黒人や性的マイノリティーの人たちといっしょに闘う意図がこめられている[5]。

いずれもオリンピック憲章第五〇条[6]に違反する恐れがある行為だが、それを厭わず意思を表明した選手たちの勇気にしびれたと同時に、「アスリート・アクティビズム」が再興しつつあるという期待に胸が膨らんだ。

競争の本質

陸上男子走り高跳びでは、ムタズエサ・バルシム選手（カタール）とジャンマルコ・タンベリ選手（イタリア）のふたりが金メダルに輝いた[7]。決着するまで競技をつづける、いわば延長戦の「ジャンプオフ」を断り、大会側と協議してメダルを分け合うことにしたのだ。陸上競技の選手が金メダルを分け合ったのは、一九一二年のストックホルム五輪以来百九年ぶりだった。

新種目のスケートボードでは、パーク女子決勝で着地に失敗して涙を見せる岡本碧優《みすぐ》選手に、ライバル選手たちが素早く駆け寄り抱擁した[8]。SNSを中心に話題になったから、岡本選手が仲間に抱え上げられる写真を目にした人も多いはずだ。

また男子マラソンでは、ゴール直前にナゲーエ選手（オランダ）が後ろを走るアブディ選手（ベルギー）を何度もふりかえり、「ついて来い」と励ましのジェスチャーをくりかえした[9]。ともにソマリア難民のふたりは、互いに鼓舞しながらそのままゴールし、それぞれ銀メダルと銅メダルを獲得した。

これらの場面は、すべて「競争の本質」を私たちに突きつけてくる。勝利を至上とする考え方に亀裂を起こし、そもそも競争とはなにかという根源的な問いに向かわせる。競争は勝利だけが目的ではない。この揺さぶりこそがスポーツの醍醐味だ。こうした場面をかき集めるなかで徐々に競争がもたらす害悪に気づき、その取り扱い方を私たちは身につけていく。勝者の首にかけられるメダルが引退後の世界を生きるための「通行手形」などではなく、その獲得を目指すプロセスにこそ本来の価値があるのだと、彼、彼女たちは無言のうちに語っていた。

過度な競争がもたらすその害悪を、身をもって示してくれたのは体操女子のシモーネ・バイルズ選手である[10]。バイルズ選手は、メンタルヘルスの問題で団体決勝と個人総合を棄権した。「自分が壊れることを知りながらも、メダルのために演技をつづけなくていいという前例」は、「競争の本質」をふまえたスポーツのこれからを模索するうえで、その土台となるだろう（競争の本質や勝利至上主義については第四章で詳述する）。

五輪という金ピカの額縁

ここまで読めば、結局のところ五輪を礼賛しているじゃないかと思われるかもしれない。あれだけ威勢よく反対の意を示しながらも、楽しんでいるじゃないかと。

でもよく読んでほしい。あくまでも私は「スポーツの場面」を紹介しただけである。

こうした場面は五輪でなくても見られる。世界選手権でもW杯でも同じようなシーンは散見されるし、もっといえば部活動における各種大会、そして運動会や体育祭だってそうだろう。よくよく考えれば、競争に励みながらもそれを乗り越えようとする子供や選手の姿に、私たちは目頭を熱くしてきたはずだ。悔しくて泣きながら走る園児、仲がよい友だちとのレギュラー争いやスランプを乗り越えるべく練習に励む後ろ姿、重圧にさらされ緊張と対峙したときの真剣なまなざし、勝者を見つめる敗者の複雑な心中とその表情……。

スポーツの醍醐味は、決して競技レベルのちがいに規定されない。たとえ五輪という仕組みがなくとも、いやむしろ五輪ではないほうが、余計なことを考えずにスポーツに夢中になれるのではないだろうか。

スポーツはドラマを見せてくれる。からだの限界に挑戦する子供やアスリートのパフォーマンスは、観る者を魅了せずにはおかない。なぜそんな動きができるのだろうという驚きは、ほとんどからだを使わずに生活している私たちには眩《まぶ》しく映る。もしかすると私たちはそのとき、全身をフルに使わなければ生きていけなかった狩猟採集時代の追憶にひたっているのかもしれない。

なりふり構わず競技に没頭しているときのあのまなざしや、緊張や不安を押し殺しながら限界を越えようとするときの真剣な表情は、普段の生活ではほとんど目にしない。かぎられた条件下で全力を出そうと努めるその姿を目にすれば、つい応援したくもなる。目の前で懸命にパフォーマンスをする選手に、自分の人生をなぞらえる人だっている。冷笑や揶揄を吹き飛ばし、真摯に努力することの尊さを、スポーツは見せてくれる。

スポーツが「絵」だとすれば、五輪は「額縁」だ。あまりにきらびやかで人為的な装飾を施された額縁は、せっかくの絵を台無しにする。金ピカに塗りつぶされた派手な額縁はその禍々《まがまが》しい反射光で鑑賞する者の目を眩ませ、絵が醸す本来の美しさを覆い隠す。

額縁のみならず絵を飾る「美術館」もまた金ピカだ。ありえないほど高価な入館料を設定し、また鑑賞する際の立ち位置までをも強制するのは明らかにやり過ぎだ。「額縁」も「美術館」も、もちろん必要だが、もっと質素でいい。質素なほうがいい。

スポーツという絵の素晴らしさは色褪《いろあ》せない。だからこそ、それを「縁取る」五輪はあまりに過剰だ。ただただスポーツを消費するだけの五輪なら、もういらない。

[1]「IOC広報部長の〝コロナと五輪はパラレルワールド〟発言に『無責任すぎる』」女性自身、二〇二一年七月三十日
[2]「コロナ感染拡大と五輪は本当に無関係なのか?」東京新聞、二〇二一年七月三十一日
[3]「サッカー　なでしこ、ピッチに片膝　人種差別に抗議」毎日新聞、二〇二一年七月二十六日
[4]「表彰台で抗議の『X』、ソーンダーズ選手が込めた意味とは?」CNN、二〇二一年八月三日
[5]「五輪から世界へ アスリートたちの訴え」NHKニュース地球まるわかり、二〇二一年八月十五日
[6] オリンピック開催場所、会場、他のオリンピック・エリアにおいては、いかなる種類の示威行動または、政治的、宗教的、人種的な宣伝活動も認められない(オリンピック憲章第五〇条第二項)。
[7]「『二人で金』異例の五輪表彰式に『泣いた』」J-CASTニュース、二〇二一年八月三日
[8]「スケボー岡本碧優、涙の四位『とても悔しい』逆転狙うも最後に着地失敗」日刊スポーツ、二〇二一年八月四日
[9]「祖国の絆が生んだ二人のメダリスト　難民ランナーの願い」毎日新聞、二〇二一年八月十一日
[10]「バイルズの棄権で米女子体操が得た金メダルより大切なもの」Newsweek日本版、二〇二一年七月二十八日

8 パラリンピックの意義

障害者スポーツから考える

二〇二一年九月、東京パラリンピック（以下、東京パラ）も終わった。世間の関心は新型コロナウイルスの感染対策に否応なく引き戻され、自民党総裁選挙の行方とその後に控える衆議院解散総選挙に移りつつあった。

どんなことでも終わってしまえば関心が薄れゆくのは人の常だ。東京オリパラの開催の前とあとで、日常生活にさほど変化がなかった人はとくにそうだろう。だが、ふりかえりは必要である。よりよき未来を描くためには過去の検証を怠《おこた》ってはいけない。

パラリンピックの意義は、障害者の存在が身近に感じられることである。

パラリンピックの様子を伝える映像は、私を含め普段の生活で障害者と接する機会が少ない人たちに、強烈な心象を残す。腕や脚の欠損、全盲など障害を持つ人たちを目の当たりにし、自分が生きるこの社会には障害者がいるという現実を突きつけられる。

もちろん、この社会に障害者が存在することは、ほとんどの人は頭では理解している。とはいえ常日頃から意識しているわけではなく、車椅子に乗る人を街で見かけたときなどにリアリティを感じるくらいだろう。友人にいる、家族にいる、関連施設で働いているなど日常的に障害者と接する人を除けば、ほとんどは障害者を「ここは隔たったところにいる人たち」として認識しているはずだ。

二〇一一年にWHO（世界保健機関）と世界銀行が共同で行った調査によれば、全世界の人口の約一五パーセントになんらかの障害があるとみられている[1]。そのうちの八〇パーセントが低・中所得の国に暮らしていることから、障害者はここ日本においては圧倒的な少数者である。

パラリンピックは彼、彼女らの存在をクローズアップし、普段、障害者と接することが少ない人たちが、その存在を体感的に知る契機となる。

変革を促すメッセンジャー

東京パラを通じて私が印象に残ったのは、パラアスリートには「社会とのつながりを明確に認識している人が多い」ということである。東京五輪に出場するアスリートに欠落していると感じていた「社会へのまなざし」を、パラアスリートは持ち合わせている。試合後のインタビューを見聞きするたびに、それを強く感じた。

走り幅跳び（義足・機能障害T六三）で自らが持つ世界記録を更新して優勝し、二〇〇メートル（義足T六一）も制して二冠に輝いたヌタンド・マーランガ選手（南アフリカ）は、生まれつき両脚の骨に障害がある。車椅子生活だった十歳のときに「義足なら走れるようになる」と聞き、反対する両親を説得して太ももから下を切断した。

自分をいじめるやつを見返してやるというルサンチマンからはじまった挑戦は、やがて社会における自らの役割を見つけるに至る。「アフリカ中の障害者が健常者と同等に扱われるようにしたい。国を変えるのに大統領になる必要はない。ただの人であっても、変化を起こすことはできる」と、故郷アフリカに色濃く残る、障害者の活躍の場を狭める意識の変容を目指した[2]。

記録を伸ばすことを通じて、社会の変革を促すメッセンジャーとなる自覚が、彼にはある。そう自覚する彼の存在は、自らの不遇を受け入れようと努める障害者には眩しく映るはずだ。

もうひとりは、陸上女子四〇〇メートル予選（視覚障害T一三）に出場したモニカ・ムンガ選手（ザンビア）だ。彼女は「アルビノ」である。「アルビノ」とは、生まれつき髪や肌の色素が薄い遺伝子疾患で、弱視などの視覚障害や肌が紫外線に弱く日焼けしやすいなど、運動に不向きな症状がともなう。

それでもなお彼女が競技をつづける理由は、「もう殺される人は見たくない」からである。アフリカではアルビノの身体の一部を得ると幸運になれるという迷信があり、いまだにアルビノ狩りがなくならないという。国連人権高等弁務官事務所は、二〇〇六年から二〇一九年のあいだにアフリカ二八カ国で二〇八人が殺害、五八五人が襲撃され、なかには鉈《なた》で殺されたり手足を切断されたり、儀式のためにレイプされたケースもあると報告している。被害者の多くは女性や子供である。

ムンガ選手の母国ザンビアでは、アルビノの子が生まれないように、アルビノに出くわしたらシャツにツバを吐かなければならないという迷信もある。また隣国のタンザニアでは、切断された身体を高値で売買する人があとを断たず、四肢や生殖器、耳、鼻、舌などが六八〇万円ほどで取引される現実がある[3]。

身の危険が迫りながらも、「走ることが、偏見をなくすキャンペーンになれば」と自らを奮い立たせ、有名選手になったことでアルビノ狩りの標的にされなくなったムンガ選手は、「スポーツができることを示して差別をなくしたい」と口にする。

彼女もまた、社会の変革を促すメッセンジャーとしての役割を強く自覚している。彼女を知るまでアルビノにまつわる悲劇を知らなかった私は、彼女の存在を通じて目を覆うような現実に気づけた。気づいたところで直接的になにができるかは、心もとない。だが無知のままではなにも変わらない。知ることこそが変革への第一歩だ。だからメッセージを受け取った者の義務として、せめてこうして文章に認《したた》めることで周知に努める次第だ。

誇りの裏の劣等感

さて、ここでもう一歩踏み込んでパラリンピックの意義について考えてみたい。

パラアスリートからのメッセージを私は好意的に受け取った。差別という社会矛盾を解消すべく闘う、自らの経験に裏打ちされた強い意志をそこから読み取った。それに触発されて、いまの自分になにができるのかを問いかけるきっかけにもなった。

障害者が活躍できる場を広げるために競技に打ち込むマーラング選手と、アルビノへの迷信を打ち砕き、これ以上は死者を出さないという覚悟を決めたムンガ選手が背負うものの大きさは、とてもじゃないけれど想像が追いつかない。常に死と隣り合わせて生きてきたムンガ選手の半生を思うとき、いままでどれだけ自分が守られてきたのかを痛感する。これまでの苦悩が実にちっぽけだったと幾分《いくぶん》か肩の荷が下りる気持ちにもなる。

彼らの存在はそうして私を勇気づけてくれる。

だが、もしかするとこう思うのは私だけかもしれない。健常者として生まれたからこそ感じられることなのかもしれない。というのも、パラアスリートの存在が、当の障害者に及ぼす影響は実に複雑だからである。

アルビノのライターである雁屋優《かりやゆう》氏は、当事者としての複雑な胸の内を語っている［4］。東京パラでは、アルビノであるゴールボールの欠端瑛子《かけはたえいこ》選手、トライアスロンのスサナ・ロドリゲス選手（スペイン）、先に述べたムンガ選手らの活躍を観て「自分事のように誇らしく思えた」という。自身がスポーツそのものによい思い出がないにもかかわらず、そう思えたのは、「パラアスリートによって、私の持つ『アルビノだから、できない』という呪縛が、力強く解かれている」からなのだと。

「アルビノのパラアスリートと私は完全に同一ではないが、近しく思える。自分の『ありえたかもしれない可能性』を示されて、誇らしい」

ただ雁屋氏は、このあとすかさずこう述べる。

「同時に、複雑な思いもある。私は、パラアスリートのように、強くもなければ、特別でもないからだ。私は、あんな風にはなれない。そのこともわかっているからこそ、劣等感にさいなまれる」

数年前、私はブラインドサッカー協会から依頼されて、視覚障害のある小学生にラグビー指導をした。普段、伸び伸びとからだを動かす機会のない子供たちにそれを提供したい。種目を問わずさまざまな競技に取り組むことで心身を解放してあげたい。こうした関係者の強い思いから私に白羽の矢が立ったのだが、そのときに聞いたのは、パラアスリートによる超人的なパフォーマンスは障害者に精神的なプレッシャーをかけることにもなり、だから、パラリンピックの開催には、専門家や現場で働く人たちのあいだでは常に賛否両論がつきまとうという現実だった。

「誇らしい」のと同時に「劣等感にさいなまれる」。この引き裂かれた思いを当の障害者が抱いている現実には、目一杯に想像をおよぼさなければならない。

記事の最後で雁屋氏は、この二律背反を乗り越えるための提言をしている。

「自らの可能性を閉ざさないこと」を大切にしたうえで、「本人や周囲の人たちが、医師や体育教育の研究者をはじめとした専門家や、先輩当事者に相談するなど情報収集して、『どうしたらできるのか』を模索していくことで、可能性は広がるだろう」と。

私たち健常者にできることは、パラアスリートの活躍ばかりに目を奪われることなく、それらを通じて当の障害者がどのように感じているのかに想像をおよぼし、そのうえでからだを使う機会を一緒になって考えることだ。当の障害者が自らの可能性を閉ざさないように、「どうしたらできるのか」をともに考えることこそが必要なのだ。ここまで深く掘り下げてはじめて、パラリンピックには意義があるといえる。

パラリンピックは、パラアスリートがメッセージを発する機会であると同時に、受け取る私たちの感受性と知性が問われるまたとない契機である。この「絵」としての価値を保つためにも、金ピカに彩られた「額縁」は捨て、あらたに運営の仕方を考え直す。障害者スポーツの国際大会としてのパラリンピックは、これからも継続を望む。

---

[1] World Health Organization & World Bank, "World Report on Disability 2011"
[2]「ヌタンド・マーランガ『アフリカの意識変える』才能を味方に大跳躍」毎日新聞、二〇二一年九月四日

［3］「切断され、売買される『アルビノ』の身体　差別と闘うために私は走る」朝日新聞、二〇二一年九月二日
［4］雁屋優「『ああはなれない』パラ選手に抱いた劣等感、運動諦めたアルビノの私」withnews、二〇二一年九月四日

第三章

「するスポーツ」と運動

9 からだの拡張と懐かしい爽快さ

「観るスポーツ」としてのトップレベルの競技

W杯や世界選手権などの国際大会が、昨今では頻繁に開催されている。これらの大会に出場するのは、いわばトップレベルの選手である。その過半はプロフェッショナルだ。プロフェッショナルとは、その競技を通じて生計を立てていることを意味する。お金を稼ぐ「仕事」としてその競技に打ち込んでいるわけで、つまり彼、彼女らにとってスポーツは生業《なりわい》である。

とはいえ、生活資金を稼ぐことだけがその目的ではない。その道を極めるという実直さも持ち合わせている。生計を立てることと、道を極めようとすること、この狭間で揺れ動くのが、トップレベルの選手が抱える葛藤である。

そんなプロフェッショナル同士の闘いを、ほとんどの人たちは「観て」楽しむ。観戦する人や支援してくれる人たちの期待を背負って懸命に取り組む姿勢に惹き込まれ、勝利を目指す闘いで生成する色鮮やかな喜怒哀楽に、私たちは思わず感情移入する。想像を超えるパフォーマンスを目の当たりにして、ついからだが疼く。

つまりトップレベルのスポーツは、ほとんどの人にとっては「観るスポーツ」である。

野球の話題で商談が進む？

ここから派生したのが「話すスポーツ」だ。

日常会話でスポーツの話題を口にする機会は少なくない。二〇二三年のワールド・ベースボール・クラシック（以下、WBC）を思い出せばわかりやすい。準決勝のメキシコ戦での大逆転劇を経て決勝で宿敵アメリカを下したストーリーや、大谷翔平選手の突出したパフォーマンスとそのスター性は、日常会話を席巻した。不振を脱して準決勝の逆転劇を演じた村上宗隆《むねたか》選手、右手小指を骨折しながら最後まで試合に出場しつづけた源田壮亮《そうすけ》選手、三振の山を築く弱冠二十歳のピッチャー高橋宏斗《ひろと》選手に、抜群の出塁率を誇る近藤健介選手など、つい語りたくなる選手がたくさんいた。大会序盤でラーズ・ヌートバー選手がヒットを打ったときなどに見せた「ペッパーミル」は、二〇一五年ラグビーW杯での五郎丸《ごろうまる》歩《あゆむ》選手のお祈りポーズを彷彿とさせるフィーバーぶりだった。

とかく私たちはスポーツを話題にする。商談相手と好きなスポーツが同じで、しかも贔屓《ひいき》チームまでも共通だったことがわかって空気が和み、とんとん拍子に話が進むこともあると聞く。音楽や映画、文学などに関する話題も人と人をつなぐが、それよりもスポーツはカジュアルで扱いやすい。このちがいはおそらく、スポーツには勝ち負けが明確になるという特徴があって、ファンでなくとも勝敗さえ知っていれば話を合わせられるからだ。また選手やチームの知名度が高いという現実からも、スポーツの話題は口にしやすい。コミュニケーションをはじめるきっかけとして、また会話のプラットフォームを形成するのに、スポーツの話題は適している。

「観るスポーツ」やそこから派生した「話すスポーツ」は、私たちの生活を彩っている。試合を観ること、そしてそれについてあれこれ話をすることは、実に楽しい。

ただ、スポーツの本質はプレイ、つまり「自らすること」にある。

「観るスポーツ」はネット社会の到来で爆発的に広がったし（これに付随する放映権料が商業化を推し進めた）、「話すスポーツ」は試合内容のみならずサイドストーリーなども報じるメディアがあるから成立するものだ。だがスポーツは前近代から盛んに行われ、人類の誕生とともに生まれたと考えられている。競技力の向上のみならず、健康を保持するため、あるいはレクリエーションなどその目的はさまざまでありながらも、私たちは「すること」でスポーツに親しんできた。この原点に立ち返り、「このからだ」と向き合ってとことん遊ぶという本来のあり方から、スポーツを考えてみたい。

スポーツ嫌いはいない？

「するスポーツ」がもたらす「爽快さ」を知らない人はいない。体育や運動部活動が苦手な人はいても、運動そのものがもたらす爽快さはこれまでの人生のどこかで経験しているはずだ。だから「するスポーツ」を嫌いな人は、原理的にはこの世に存在しない。

と、のっけから大風呂敷を広げたが、やや乱暴なこの言明をすぐにのみ込める人は少ないだろう。からだを動かすなんて億劫《おっくう》で、ましてやスポーツなんてやりたくない。観たり話したりするならまだしも、自ら「する」なんてとんでもない。そう思う人が少なからずいる現実を、私だって知らないわけではない。

それでもなお断言する。「するスポーツ」を嫌いな人はいないのだと。

「するスポーツ」の本質は運動である。運動すれば「爽快さ」が得られるのは、「できなかったことができるようになる」からだ。縄跳びにたとえれば、一〇〇回連続で跳べるようになる。あるいは一〇〇回跳んでも息が乱れなくなる。二重跳びや三重跳びがさらりとできるようになる……。

できることが増える。私たちは運動を通じて、それをありありと実感する。

とはいえ、思うように縄跳びが跳べるようになったところで、「爽快さ」以外に特段なにが得られるわけでもない。プロでもないかぎり金銭的な報酬もないし、周囲から注目を集めることもほとんどない。にもかかわらず、つい「するスポーツ」をしたくなる。

できることが増えるというのは、いわば「からだの拡張」である。からだの機能が高まったときには曰く表現しがたいポジティブな感情が湧く。私のように運動習慣が身についた人は、この快感情を求めてついからだが疼くわけである。

日常生活そのものが「するスポーツ」

さて、親馬鹿の私にはここで娘の姿がちらつく。

三歳半になるころ、娘は手をつながずにひとりで階段を降りられるようになった。差し伸べる手を払いのけ、その一歩を恐る恐る踏み出す。踊り場にたどり着くたびにうれしそうな表情を浮かべ、ちらりと私の顔を覗き込んで「見て、見て！」と訴えかけてくる。その仕草からは、「爽快さ」を感じているのが手に取るようにわかる。

塗り絵も、色鉛筆の芯の破片を散らかしながら色濃く塗れるようになり、はみ出す範囲も小さくなった。ハサミも紙を巻き込むことなく使えるようになり、鉛筆もスムーズに線が引けるようになって、「あ」や「め」など平仮名の曲線もなめらかになった。私がそれを褒めるといつも、はにかんだ笑顔を覗かせる。

子供が生きる世界は、「できないこと」で埋め尽くされている。裏を返せば、「からだの拡張」を実感できる契機がそこら中に横溢《おういつ》しているということだ。つまり子供にとっては、塗る、切る、書くという日常動作はからだを拡張させる運動であり、できなかったことができるようになるという点から考えれば、「するスポーツ」に位置づけられる。

おとなになると、からだを動かす時間をわざわざ作らなければ「からだの拡張」がもたらす「爽快さ」を感じられない。仕事や家事の合間を縫って、家でストレッチや体操をしたり、ウォーキングやジョギングをする時間を捻出しなければならない。忙しくてなかなか運動できない日も多い。だから、日々の一コマ一コマがそのまま「するスポーツ」になる生活ってどんなに楽しいだろうと想像する。ただ階段を上り下りするだけで「爽快さ」が得られるなんて、ぜいたくにもほどがある。

よくよく考えれば、その昔は誰もがこうした生活を送っていた。どんなおとなもかつては赤ん坊だったのだから、たったひとりの例外もなく、すべての人は生活がそのまま「するスポーツ」である時期を過ごしていた。階段の上り下りや色を塗ることに楽しみを感じていたし、ハイハイからよちよち歩きを経て自分ひとりで歩けるようになったときには、おそらく誇らしげな気分を味わっていたはずだ。

私たちはそうしてからだを拡張させてきた。だとすれば、人間ならば誰しもが「からだの拡張」がもたらす「爽快さ」をすでに知っていることになる。できなかったことができるようになる経験とそれがもたらす「爽快さ」は、いわば成長の証であり、これを何歳になってもつい追い求めてしまうのは生物的本能だといっていい。

これが、「するスポーツ」を嫌いな人はいないと断言した理由である。

できなかったことができるようになる

「からだの拡張」を望まない人はこの世に存在しない。今日より明日、今月より来月、また今年より来年と、たとえその伸び幅がわずかだったとしても、着実に成長することを私たちは本能的に希求している。短期的には後退したとしても、長期的には前進したい。いまいる場所よりも、遠くに行きたい。そうすることで幸せになりたい。それが生きるということであって、自らの生と真摯に向き合う人はおそらくそう願ってやまない。

「成長」に右肩上がりのイメージがつきまとい、どこか窮屈に思えるのならば、「変化」といい換えてもいい。一切の変化をともなわない人生ほど、オモシロくないものはない。

とはいえ私たちおとなは、幼い子供のようにわかりやすい変化は望めない。歩けるようになった、階段をひとりで下りられるようになった、曲線をスムーズに書けるようになったなどのわかりやすい変化は、望むべくもない。だが、ただただ「このからだ」を使いながら日々を生きる子供のひたむきな姿勢は、模倣できる。疲れない歩き方や重い荷物の持ち方、腰に負担がかからない赤ちゃんの抱き方やより安全な車の運転の仕方、長時間でも疲れない座り方や聞き手の耳にすっと届く声の出し方など、その気になって楽しみながら工夫すれば、このからだは変化してゆく。

「日本近代スポーツの父」とされるF・W・ストレンジの講演を聴いた武田千代三郎《ちよさぶろう》は、運動について次のように述懐している。

■ 運動は人の獣力のみを練るを目的とせず、吾人の智徳を磨かんが為なり。運動は手段

にして、目的に非ず、吾人の体躯《たいく》を練るは病を防ぎ寿を保たんが為のみには非ず、期するところはこれ以上に在り。運動場に於ける訓育の遙かに教室内に於ける教化に勝るものあればなり［1］

武田氏は、運動の効果を実に大きく見積もっている。教室内での座学よりも教育効果が見込めるというのは、昨今、声高に叫ばれる「実践教育の重視」および「身体性の回復」という文脈で解釈できる。口をつけば机上の空論ばかりの頭でっかちな人間にならぬよう、運動を通じて訓育する。それと同じだ。

だが、「智徳を磨く」というのはやや大袈裟《おおげさ》に思える。知識と人徳を意味する智徳が、運動によって磨かれるというのはどういうことなのかと。

運動は、思い通りに動けないというジレンマをもたらす。そのとき、熟達者に教えを請いながら、どうにかしてできるように自ら工夫を凝らす。コツやカンを求めて、ああでもない、こうでもないと、動感を探る。このとき、できない自分への苛立ちと折り合いをつけるために、感情を制御しようとする。感情を撒き散らす態度が憚《はばか》られ、師に払うべき敬意や他者への思いやりが身につく。からだの内奥にある、できないがゆえのモヤモヤと取っ組み合うなかで、自ずと智徳は磨かれてゆくというわけである。

運動、つまり「するスポーツ」とは、からだの拡張を通じた心身の成長、あるいは、変化してゆくプロセスそのものを象る型だといえる。幼いころからずっとそうして自分をかたち作ってきたやり方を思い出す、またとない営みだ。なにが得られるのか、またどこにたどり着くのかが不明瞭であっても、このやり方を敷衍《ふえん》すればその先に必ずあらたな境地が開かれる。いまはできなくてもいずれはできるようになるとの期待が膨らみ、未来への不安が払拭されることで、幾ばくかの安堵ももたらされる。

これが「爽快さ」の正体である。できなかったことができるようになることで智徳すらも磨かれる、そのよろこびを、「するスポーツ」はもたらすのである。

[1] 高橋孝蔵『倫敦から来た近代スポーツの伝道師——お雇い外国人F.W.ストレンジの活躍』小学館新書、二〇一二年、一五九頁

10 「他者からの目」を振りほどく

できないことは減り、そして……

そうはいってみたものの、現実をみれば「するスポーツ」を嫌う人がいるのは確かである。なかにはからだを動かすことが嫌いだと、公言して憚らない人さえいる。「からだの拡張」がこの上なく爽快であることを信じてやまない私からすれば不思議でならないが、しかし、彼らが運動嫌いになる原因が思い当たらないわけではない。

本来なら運動を好むはずの私たちが、なぜそれを嫌いになるのか。

そう、私たちはいつしか運動を嫌いになる。

この世に生まれ落ちてしばらくのあいだは、誰しもがあらゆる運動を好んでいた。「好んでいた」というより、運動を求めることがすなわち「生きる」ことだった。

母乳やミルクから離乳食を経て固形物を咀嚼《そしゃく》し、嚥下《えんげ》できるようになる。仰向けに寝ているだけだったのが寝返りを打ち、やがて地面を這《は》って、自らの意思で行きたいところに到達できるようになる。それも束《つか》の間、つかまり立ちからよちよち歩き、そして念願の二足歩行ができるようになる。

ほとんどなにもできなかったからだは、動きをひとつひとつ着実に身につけてゆく。準備運動もしない。練習だってしない。なのに、なぜだかできるようになる。お腹が空き、眠たくなれば泣く。そうしてただ生きているだけなのに、このからだは日々ゆっくりと、でも確実に成長する。できないことができるようになったよろこびをゆっくり味わう暇もないくらい、次々とからだは拡張してゆく。

「生の実感」とでもいうべきこの爽快さを、運動はもたらしてくれる。

それが、いつしか忘れ去られる。

よくよく考えてみれば当然だ。成熟すればするほどに、「できないこと」は減ってゆくからである。

食事も排泄も他のことを考えながらできるようになるし、ことばを憶えれば会話だって当たり前にできる。バランスをとろうと努力しなくたって歩くこともできるし、フォークもスプーンも、お箸も鉛筆も、器用に使えるようになる。前述のように、まったくできなかったことができるようになる、すなわち「ゼロが一になる」動きは、それを獲得したときに曰く表現しがたい「爽快さ」をもたらす。だが、これを感じる機会は、おとなになるにつれてだんだん少なくなる。よって、赤ん坊が感じているはずの絶大なる「爽快さ」は、もう味わうことができない。

それでも、強烈な「爽快さ」を味わった経験は記憶の奥底に沈殿している。だからこそ、「するスポーツ」に挑戦してさまざまな動きを身につけたときによみがえってくる。あのころの「爽快さ」が、懐かしさをともなってからだ中を駆けめぐるのだ。

「運動ギライ」は、この回路が寸断されている。もともと好きだったはずの運動が、なにかのきっかけで嫌いになった。そのきっかけとはなにか。

「他者からの目」である。

「あんなふうにできればいいな」

三歳になってすぐ、娘はバレエ教室に通いはじめた。娘を含めた園児八人のクラスは実に賑やかで、子供たちは口々に「見て見てー」と、自分の動きを先生に認めてもらおうとアピールする。そんな子供たちを頭ごなしに咎《とが》めたりせず、耳を傾けながらもやんわりといなす先生の手際のよさには、いつも感心する。

年長にもなると、先生の指示通りに動いたり、自分の出番がくるまでおとなしく待つこともできるが、まだ年中以下の子供たちは集中力がつづかず、互いにちょっかいを出し合ったりして遊びはじめる。年少よりひとつ下のうちの娘も私と目が合えばすかさず手を振るし、テンションが上がればたとえレッスン中であっても私のところまで駆け寄ってくる。親としてはハラハラするのだけれど、そのときどきの感情への正直さが眩しい。衝動のままに行動できる伸びやかさがまだある。

どうやら園児は、「他者からの目」を気にしていない。

「褒められたくて」先生の目を気にすることはあっても、「怒られないように」という意識はなさそうだ。誰かの動きをじっと見つめることはあっても、自分がその動きをできるかどうかだけを気にかけているように見受けられる。まちがっても「もっとこうしたほうがいいよ」なんてアドバイスもしないし、誰かと自分を比較しない。

いや、もしかすると比較はしているのかもしれない。

友だちをじっと見つめているとき、「あんなふうにできればいいな」と感じているのなら、それは比較だからだ。自分にはまだあんなふうにできないという自覚があるから、ついその動きに目が奪われるわけだ。自分と他者の動きのちがいには、たぶん気づいている。

その動きが美しいのかそうでないのかは、おそらく肌感覚としてわかっている。つまり優劣はわかっている。あの友だちにはできて、自分にはまだできないという現実は、たぶん認識している。

ただ、それで悩んだりはしていない。できない自分を責めてはいない。その証拠に、レッスンが終わるとすぐに娘は楽しかったと口にするし、次のレッスンが待ち遠しくて仕方がない様子だからだ。

いつかはあの友だちのように上手になりたいとは思っている。だが、できないことにコンプレックスを抱いてはいない。できない自分を恥じることなく、「他者からの目」などお構いなしに、ただただただバレエを楽しんでいる。そう見える。

劣等感がコンプレックスに変わるとき

フロイト、ユングと並び、「心理学者の三大巨頭」と称されるアルフレッド・アドラーによれば、すべての人間は「優越性の追求」という普遍的な欲求を持っているという。

よちよち歩きの子供が安定した歩行を望み、ことばを憶えて周囲の人たちとの自由な意思疎通を欲するように、無力な状態から脱したい、もっと向上したいという欲求が、私たちにはある。人類史全体における科学の進歩をみてもそれは明らかで、いまより少しでもよくなるようにとひとりひとりが希求するからこそ、今日の文明は築かれた。

これと対をなすのが、「劣等感」である。

理想や目標を掲げてそれに向かって邁進《まいしん》していると、ふと落ち込むときがくる。掲げた理想に到達できないいまの自分が、まるで劣っているような感覚に陥《おちい》る。スポーツ選手なら、いつまでたってもスキルが身につかない、レギュラーになれない、優れたチームメイトに追いつかないなど、「劣等感」にさいなまれることは多い。

つまり、「優越性の追求」には「劣等感」がつきまとう。

他者と比較するのは仕方がない。むしろ必要だ。自分の足りなさや至らなさに気がついて、さらなる努力をしようという意欲につながるし、それが結果的に成長を促進させるからである。あの人よりも私は劣っているという自覚は、「優越性の追求」を抱く私たちにはごく自然なもので避けることはできないし、それ自体は決して悪いことではない。

問題なのはここからである。

私たちは、この「劣等感」をつい言い訳にする。「学歴が低いから就職できない」、「スポーツばかりしてきたから勉強ができない」、「体育の成績が悪かったから運動がキライ」

というように、他者と比べて自分をネガティブに評価し、努力の源泉にするべき「劣等感」をできなさの根拠として解釈してしまうのである。

だが現実をみれば、学歴が低くても就職している人はいるし、スポーツばかりしていても勉強ができる人もいる。体育の成績が悪くても運動は好きという人もいる。それなのに、「劣等感」を言い訳にして自らコンプレックスを作り出す。自分で自分にネガティブなレッテルを貼るのである。

アドラーはこれを「劣等コンプレックス」といい、本来なら意欲を高め、成長を促進するはずの「劣等感」と区別する。

人である以上は「劣等感」から逃れられない。だけど、他者との優劣を口実に否定的な考えを導き出す「劣等コンプレックス」は、心がけ次第で変えられる。少しだけ勇気を出しさえすればいい。

娘たち園児を見ていると、私はなぜだかからだを動かしたくなる。「他者からの目」を気にせず、ただただ無邪気に動き回る彼女たちを目の当たりにし、デスクワークで肩や腰が凝り固まったこのからだが恨めしくなる。「劣等感」を言い訳にせず、どうにかして上手な動きに近づけようと真剣に取り組む彼女たちの姿に、私は知らず知らずのうちに勇気づけられている。

「他者からの目」に臆さず、「劣等感」を冷静に受け止めたうえで、勇気を出して動いてみる。そうすれば、懐古的な「爽快さ」が味わえるはずだ。

数値は手段にすぎない

だが、勇気を出すという心がけひとつで、いままで嫌いだった運動が好きになれるのなら世話はない。「他者からの目」を気にするなという、いわゆる精神論で解決できるのなら話は早い。それができないから運動が嫌いなのであり、頭でわかっていてもなかなか実践にまで至れないそのもどかしさは、一朝一夕には拭い去れない。

このジレンマから抜け出すにはどうすればよいのかについて、もう一歩踏み込んで考えてみる。

私たちが「他者からの目」を気にしはじめるのは、おそらく小学校に入ったころである。心身の発達に学業成績による評価が下されて、「他者からの目を気にする心性」がゆっくりと、でも確実につくられてゆく。

なかでも、学校体育に顕著である。逆上がりや跳び箱、徒競走やマラソン、種々の球技など、種目ごとに達成目標が設定され、それをもとに個々人の成績がつけられる学校体育では、「他者からの目」を気にせざるをえない。逆上がりはできるかどうかの二択だが、跳び箱は跳べる段数によって、また徒競走やマラソンもその走破タイムによって数値化される。自らの運動能力が数値という乾いた指標に置き換わり、同学齢集団での序列が可視化されて、自分と他者の優劣が浮き彫りになる。

成績評価が行われるのは、なにも体育だけでない。国語や算数、理科、社会など他の教科でも同じだ。

テストの点数はいつしか、自らの能力の写し鏡になってしまう。七九点と八〇点ならほとんどちがいはないはずなのに、この「一点の差」が、その優劣を目に見えるかたちで浮かび上がらせる。自我が芽生えはじめ、他者を意識するようになった子供たちにとっては、たとえわずかな差であっても、あの子に比べて自らは劣っていると印象づけられる。しかも、それが第三者から一目瞭然の「数値」として表されるのだから、言い訳の余地なく逃げ場が塞《ふさ》がれる。

成績をつけなければならない以上、各科目の熟達の程度を点数化するのは仕方がない。能力の点数化を避けるためには学校教育というシステム自体を改変しなければならないが、これを批判するのは現実的ではない。学校教育のあり方を見直すという大掛かりな作業は、長期スパンで考えれば確かに必要だが、早急に考えるべき課題は、いままさに学校に通う児童や生徒や学生が現行システムのなかでいかに充実した学びを受けられるかである。ここを置き去りにした学校教育改革論は、不毛でしかない。

長期的視野にもとづく大胆なフルモデルチェンジと、短期的視野にもとづく細々としたマイナーチェンジを、同時並行で行う。つまり、自動車を運転しながら車体の修理を行うといった、アクロバティックな作業が不可欠である。これぞ「スポーツ3・0」の試みだ。

それをふまえて確認しておきたいのは、能力の点数化は子供たちが勉学に向かう際のモチベーションを高め、その成長や発達を促すための手段にすぎないということである。

可視化され、序列化された優劣を発奮材料とし、さらなる努力を積み重ねることで成熟を果たすという教育本来の目的を、教師や親が念頭に置く。先に述べたアドラーの指摘を思い出せば、能力の数値化は、自らを高めるための「劣等感」を醸成するかぎりにおいて有用で、その「劣等感」を言い訳にした「劣等コンプレックス」を子供が抱かないように配慮する。それを担うのは、いうまでもなく先生や親など子供の傍らに立つおとなだ。

能力の数値化がもたらす弊害を正しく理解したおとなを、ひとりでも増やすこと。これが、いま求められるマイナーチェンジである。

「できる／できない」に染まる体育

話を体育に戻そう。

能力の数値化は、とくに体育においては大いなる課題として立ちはだかる。「劣等コンプレックス」を抱く子供を量産している現状から、それは明らかである。体育の成績が振るわないことを理由に、運動が苦手であると自らにレッテルを貼る子供たちは、驚くほど多い。運動がもたらす懐古的な爽快さを忘れさせるために、いまの体育は存在しているのではないかと、疑いたくなるほどだ。

「数値」による優劣の差は、たとえば国語や算数などの座学なら答案用紙を隠せば誰にも見られない。たとえ点数がバレたとしても、まちがった箇所やそのまちがえ方までが露《あら》わになることはなく、他者の目に触れさせないようにすることができる。

だが、体育はそうではない。

実技テストでは、マット運動など各種目で試験課題とされた動きを、クラスメイトの視線が注がれるなかで行わなければならない。できたかできなかったかが、周りに一目でわかる。成功すれば拍手喝采を受ける反面、失敗すればその仕方も含めた一部始終が白日の下にさらされる。

さらにいえば運動能力は、注意力や記憶力などを駆使する学力とは異なり、動きそのものに優劣や美醜の差が如実に現れる。鋭さやしなやかさ、あるいは鈍さやぎこちなさが見る者の目に映り、それがテスト結果と合わさってクラスメイトの記憶に刻まれる。点数に至るプロセスまでもが、周囲に伝わってしまうのである。

運動が苦手で不得意な人にとって、これはつらい。とくに多感な時期にある子供には過酷だ。体育での実技テストを、耐えがたい屈辱が刻まれた記憶として引きずるのも無理はない。

この点でいまの学校体育は、「できる／できない」で運動を解釈する見方や考え方を、社会に広く根づかせる元凶となっている。健やかなからだを育てるはずの体育が、その本来の目的を見失い、迷走している。

また、表向きは教育を目的とした運動部活動もそうである。

部内でのレギュラー争いや、大会への出場およびそこでの戦績アップを目指した活動は、過度に競争的な環境をもたらす。優劣を自覚させられ、そこから半ば強制的に発奮させられる。常に「右肩上がり」を求められるなかで、子供たちは「できる／できない」で運動を解釈する見方や考え方に徐々に染まってゆく。

やがて指導者やチームメイトからの査定の目が張り巡らされている環境に疲れてしまい、途中で辞める部員や、たとえ卒業までつづけたとしても、引退して以降はするだけでなく観るのもいやになる部員もいる。突然やる気を失う、いわゆる「燃え尽き症候群」になるわけだ。その予備軍までを含めれば、いまも多くの生徒や学生たちの頭を悩ませている。

学校体育で運動そのものが嫌いになる人たちに加えて、運動部活動でその種目が嫌いになる人たちもいる。両者に共通するのは、やはり「他者からの目」である。これを気にする心性を構造的に作り出しているのが、いまの日本の体育・運動部活動なのだ。

下手なおっさんがいる社会

この現状を変えるにはどうすればよいだろう。

ドイツやポーランドなど外国でプレーした経験が豊富な元プロサッカー選手の中野遼太郎氏は、日本にサッカー文化が根づかないのは、「めっちゃ楽しそうにサッカーをする、死ぬほどサッカーが下手なおっさん」がいないからではないかという〔1〕。

「トレーニングウェアなのかすら分からないTシャツを汗だくにして、脂で武装した横腹を短パンの上に乗せ、得体の知れないメーカーの靴を履いて、ゴール七個分外れた軌道のシュートに対して、一秒遅れで大味なスライディングタックルを飛ば」すおっさんが、欧州にはざらにいる。仕事終わりの週末に、勝利と試合後に飲むビールを楽しみにガチャガチャとサッカーをしている。こうしたおっさんが、欧州のサッカー文化を根っこのところで形づくっているというのだ。

「一秒遅れのスライディングは、子どもたちに『この先もサッカーを紡いでいく選択肢』を与えているし、その脇腹は『サッカーは生涯、愛するに足るスポーツだ』と教えているのです」

つまり育成年代の子供たちは、プロ選手になれなくてもサッカーを楽しめる道が他にあること、そうして生涯にわたってつづけられる安心感を、このおっさんたちから学んでいるのではないか。この中野氏の慧眼《けいがん》には頷かざるをえない。

ここに、いまの日本における体育・スポーツ観を変えるヒントがある。

「できる/できない」で運動を捉える凝り固まった体育・スポーツ観を変えるには、下手でもいいから思いっきり楽しめばいいと考える人を、社会に増やすことだ。そうすれば運動嫌いの人たちも、ちょっと運動でもしてみるかと重い腰を上げやすくなるし、部活動を辞めてからもそのスポーツをつづけやすくなる。下手くそだからと苦笑するのではなく、ガハハと笑い飛ばせる人たちがたくさんいる社会になれば、「他者からの目」が温かくなる分だけ運動することへのハードルは下がる。意を決して勇気を出さずとも自然とからだがうずうずするような、そんな空気が広がればスポーツの裾野は広がる。

[1] 中野遼太郎「日本に足りないのは『めっちゃ楽しそうにサッカーをする下手なおっさん』欧州で目撃した、勝利（とビール）を真剣に目指す大人たち」Number Web、二〇二一年十二月三十日

11 無邪気さのアップデート

わが娘とおっさんが同じに見える

四歳になるかならないかのころの娘は、よく踊っていた。子供番組のおねえさんおにいさんやアニメのキャラクターが歌に合わせて踊るその振り付けを真似て、手や腰を振る。ときにくるっと回転して、片脚立ちでポーズを決める。得意げに目を輝かせた表情が愛おしく、リズミカルに腰をくねらせたり、手足を目一杯に広げる表現豊かな挙動に、もしかすると将来はプロダンサーになるんじゃないかと、親馬鹿な私は夢想したものだ。まさに「天才」だと思ったし、いまでもそう思っている。

「めっちゃ楽しそうにサッカーをする、死ぬほどサッカーが下手なおっさん」が日本には少なく、それがサッカー文化が根づかない理由だとする中野遼太郎氏の指摘を、先に紹介した。優劣やそれにもとづく序列を気にしない人たちの存在が、サッカー文化を根っこのところで形づくっているというこの視点は、おそらく日本におけるスポーツ全般に当てはまるだろう。上手いとか下手とか、できるとかできないとかの外形的な判断基準を棚に上げてはじめて、私たちはスポーツおよび運動そのものを楽しむことができるようになる。

なりふり構わず踊る娘に目を細めながら、ふと思った。これって中野氏がいうところの「死ぬほど下手だけど楽しそうにサッカーをするおっさん」だよな、と。

でっぷり太ったおっさんとわが娘を同一視するなんて、ありえないと思われるかもしれない。だが、重なってしまったものは仕方がない。無我夢中に没頭するその姿勢はどうみても同じで、「他者からの目」を意に介さないその無邪気さにおいては、明らかに同質だ。

父親としては誠に不本意ではあるのだが、どうやら中野氏が見かけたおっさんとうちの娘は、ともにスポーツ本来のありようを体現する同志としてカテゴライズできる。

おとなの無邪気さ

とはいえ、まったく同じであるわけがない。誰の目にもそれとわかる純粋さをともなった子供の無邪気さと、脇腹にたっぷりと贅肉をつけたおっさんが醸す見かけとは裏腹な無邪気さが、同じなはずがない。そこにはやはりちがいがある。

このちがいは、「他者からの目」を経過しているかどうか、だ。

娘はまだ、査定や評価という「他者からの目」を知らない。熟達者によってパフォーマンスを点数化されたことも、もっと上手な友だちと比べてここが足りないと叱責されたこともない。他者と比較されることがいかに窮屈であるかを、そもそもわかっていない。娘にとっての他者とは、自分の言動を心からよろこんでくれる、極めてポジティブな存在である。つまり娘に備わる無邪気さは無知ゆえに成り立っている。

これに対しておっさんは、痛烈に突き刺さる「他者からの目」を知っている。これまでにありとあらゆる機会で他者と比較され、査定や評価の目にさらされつづけた経験がある。運動能力のみならず、コミュニケーション能力や美意識、趣味嗜好、場合によっては容姿や出自までもが比較され、それにともなう嫉妬が渦巻くシビアな人間関係のただなかを、おっさんは生き抜いてきた。だからおっさんにとっての他者は、必ずしもポジティブな存在ではなく、むしろかいくぐらなければならない邪念を放つ厄介者だ。

否が応にもまとわりつく「他者からの目」を、身をよじって振りほどいたあとにかろうじて確保できる無邪気さが、おっさん、つまり「おとな」のそれである。

無知ゆえに自ずと発せられる子供の無邪気さと、不断の努力の果てにたどりついた「おとな」のそれは、表向き同じに見えてもその内実は異なる。「死ぬほど下手だけど楽しそうにサッカーをするおっさん」は、かつて持ち合わせていた無邪気さを再び手にした者だといえる。大袈裟にいえばこのおっさんは、世間のしがらみから解き放たれた自由な時空にいる。

才能を錆びつかせないために

私は先に娘のことを「天才」と称した。実は、ここには明確な意図があった。

天才の語義は、「生まれつき備わったすぐれた才能」あるいは「それを持っている人」である。だが、ふだん私たちはこのことばを、努力では埋まらない隔たりとして、また自分とは遠くかけ離れた境地に至った者を形容するために、過剰な期待を込めて、もしくはやや謙《へりくだ》って口にすることが多い。本来は「先天的な才能」もしくは「それを持ち合わせた人」という意味でしかないのに、他者より秀でていることの強調やできなさの言い訳という解釈がなされて、口にしづらくなっている。

内側から湧き起こる「踊りたい」という欲求に素直に従うあの無邪気さは、生まれついての才能である。こちらが教えたわけでもなく、自然発生的に娘はからだを動かす。私は、無邪気さという才能を持ち合わせている点で、娘は天才だといったのである。

もちろんこれは娘だけにかぎらない。

無邪気さは、子供たちみんなに備わっている。近所の公園で遊ぶ彼、彼女らを眺めていると、その一挙手一投足から無邪気さという才能が溢れ出ている。「他者からの目」など知らぬ存ぜぬの子供は、ただ与えられたものとしての才能をいかんなく発揮している。だから、すべての子供は字義通りに「天才」だ。

しかし悲しいかな、人はいつしかそれを忘れ去る。自我が芽生え、競争に身を投じるなかで、または心ないおとなからの打算にさらされて、持ち合わせているはずの才能を錆びつかせてしまう。成長にともない社会性を身につけなければならないから、ある程度の喪失は仕方がない。だが、根こそぎなくすのだけはできれば避けたい。

というのも、この無邪気さは、なにかをなし遂げるための原動力になるからである。あらゆる能力の開花を下支えし、さらにそれを押し広げるためのエンジンだ。だからこそ「いい歳して恥ずかしい」「いまさらはじめたって遅い」「非現実的だ」「らしくない」といったノイズを振り払い、たえずチューンアップしつづけるのが望ましい。そうしてようやくたどり着く、いわばアップデートされた〈無邪気さ〉を、「死ぬほど下手だけど楽しそうにサッカーをするおっさん」は身をもって示している。

「他者からの目」と格闘しながら無邪気さを守る。すなわち、子供心を抱きつづけるために「するスポーツ」はある。

アスリートは「他者からの目」を活用する

あらためていうまでもないが、アスリートもまた「するスポーツ」の担い手だ。〈無邪気さ〉が「なにかをなし遂げるための原動力」、あるいは「あらゆる能力の開花を下支えするエンジンのようなもの」だとすれば、ハイパフォーマンスを追求するアスリートにとってもこれは欠かせない。観客による声援や野次、ポジションを争うライバルからの視線、指導者による行き過ぎた指導や親などの支援者から向けられる期待など、「他者からの目」に惑わされないタフさが求められる点では同じである。

むろん、愛好者のそれとはいささか内実が異なるのはいうまでもない。競技の優劣をほとんど気にせずともよい愛好者と、ハイパフォーマンスを目的とするアスリートとは、やはりちがう。

すでに述べた通り、愛好者の〈無邪気さ〉とは、「他者からの目」を振りほどいた先にたどり着くもの。いわば「気にしない」ように努めるうちに、「気にならなくなった」状態だ。ひたすら打ち消しつづけるなかで、いつのまにかそれをやりすごせるようになるわけだ。本人の不断の努力によって、また滑稽さや失敗をガハハと笑い飛ばす周囲の人たちが醸す和やかな雰囲気が、後押しすることによって。

この意味では、アスリートもまたそうである。声援や野次など直接的なものから期待や落胆など間接的なものまで、パフォーマンスを阻害する「他者からの目」にめげることなく、それらをまるで無きもののようにできる。だから、たくさんの観客や支援者からの期待、および対戦相手を応援するサイドからの敵視が渦巻く舞台でも、ものの見事にパフォーマンスを発揮できる。

だが、彼、彼女らはそれだけにはとどまらない。プレッシャーがかかる舞台であってもその実力をいかんなく発揮するアスリートは、パフォーマンスを高めるために「他者からの目」を積極的に活用する。からだにまとわりつき、その自由を奪うはずの重圧を、逆に推進力へと変換する。

まるで大海を泳ぐマグロのように、である。

海水に流れを作る

マグロは、ときにものすごい速度で泳ぐ。クロマグロに至っては、最大で時速八〇キロメートルにおよぶともいわれる。この驚くべき泳法の秘密を解明して、潜水艦や船の設計に活かそうというプロジェクトが、一九九〇年代にマサチューセッツ工科大学で立ち上がった。

そのプロセスで、興味深い仮説が浮かび上がる。マグロは自らの尾ひれで周囲に大小の渦や水圧の勾配《こうばい》を作り出し、その水の流れの変化を活かして推進力を得ているのではないかというものだ。素早く泳ぐうえで障壁となるはずの海水に働きかけ、それを運動のためのリソースとして利用している。つまりは「流れるプール」さながらに水流を作り、自らが泳ぎやすくなるような環境を作っている。海水とはもはや障害物ではなく、むしろそれがなければ素早く泳げない、なくてはならないものなのである。

このマグロにとっての海水が、アスリートにとっての「他者からの目」である。

二〇二一年の東京五輪は、新型コロナウイルスの感染拡大を受けて、一部を除き無観客開催となった。声援や野次がなく、応援や敵視がないなかでの試合に、少なくないアスリートが違和感を吐露していた。これは、ハイパフォーマンスのためのリソースが一部失われたことへの戸惑いだったのだと、私には思われる。いつもあるはずのものがないことで、その存在のかけがえのなさに気がついたのだ。観客の声援に応え、敵視を見返すことは、モチベーションの問題でもあるが、それ以上に「他者からの目」そのものがパフォーマンスに直接的に影響を及ぼす要因だった。

観客の視線にさらされながらパフォーマンスを発揮してきたアスリートたちは、知らず知らずのうちに「他者からの目」を利用する術を身につけているのである。

「知らんがな」がちょうどいい

どんな舞台でも物怖《ものお》じしないアスリートのその様は、メディアなどではしばしば「逆境をはねのける強靱さ」などと形容されたりする。心身の力強さやたくましさでつい語りがちだが、アスリート自身の胸の内は、実のところもっと柔和で繊細である。勇ましく真っ向から対峙してはねのけるというよりは、身を委ねつつもそれに流されはしないという揺らぎを含む、やわらかな心持ちだ。

というのも、アスリートに注がれる「他者からの目」のほとんどを占める「周囲の期待」に、しかるべく応えることは、そう容易ではないからである。

期待をかけられることはうれしい。意気に感じてやりがいも生まれる。だが期待は、それに応えられなかったときにはいとも簡単に落胆へと裏返る。ともすれば批難されることだってある。持ち上げられれば、そこからいつか落とされるのではないか。こうした不安が潜在的に芽生えるものだ。

ただ、だからといって期待に応えることばかりにとらわれてもいけない。期待という他者の欲望に沿い過ぎると、自らを見失ってアイデンティティが揺さぶられる。場合によっては崩壊しかねない。試合前後のコメントなどでアスリートが口にする、「いつも通りの」「自分らしい」といったことばは、「他者からの目」に飲み込まれないための抵抗を指し示している。

期待には、その扱い方次第では心身を蝕《むしば》む暴力性が潜《ひそ》む。だから、まともに受け取らずただゆるがせにしておくほうがいい。がっぷり四つに組むような強靭さでは、とてもじゃないが受け止めきれない。ありがたく頂戴しつつ、その裏では「知らんがな」と悪態をつくくらいが、ちょうどいい。ともすれば障壁ともなりうる期待は、しなりのある身構えによって、ようやく自らを後押しする推進力へと変換できるようになる。

そして、このしなりのある身構えをとるために大切なのが、〈無邪気さ〉だ。期待にさらりと乗せられる、まるでお調子者のようでいながらも、いやなものはいや、ダメなものはダメだとはねのける。一見すれば、不快から逃れようとする子供のわがままのようなこの〈無邪気さ〉が、しなりのある身構えをつくる。マグロが海に働きかけて大小の渦や水圧の勾配を作りだすように、アスリートは〈無邪気さ〉を発揮することによって、自らを後押しする時空を作るのである。

「他者からの目」に取り囲まれながら、それに押し流されず逆に利用するために、アスリートは〈無邪気さ〉を手放してはならない。これこそが、アスリートのハイパフォーマンスを根っこのところで支えている。

【参考文献】
森田真生『数学する身体』新潮社、二〇一五年、三七～三九頁

第四章

勝利至上主義への処方

12 柔道界が小学生の全国大会をやめた

柔道界が下した英断

北京冬季五輪が終わり、ロシアによるウクライナ侵攻がはじまってまもなくの二〇二二年三月、日本におけるスポーツのこれからを占ううえで画期的な方針転換がなされた。全日本柔道連盟（以下、全柔連）が、毎年夏に行っていた小学生学年別柔道大会を今年度から廃止する決定を下したのである。「勝利至上主義の散見」がその理由で、判定に対して指導者や保護者が審判に罵声《ばせい》を浴びせる、育ち盛りの児童に減量を強制する、組み手争いに終始する試合が見られる、保護者がわが子の対戦相手を罵る、父親が試合に負けた子供の胸ぐらをつかんで壁に押しつけるなどの事例が、具体的に挙げられている［1］。

勝利に固執するあまりスポーツ本来の豊かさが損なわれている現実と向き合い、柔道界は重い腰を上げたわけである。

第一章で述べたように、柔道のみならずその他のスポーツ全般でも、若年層ではいまだに暴言や暴力による指導がつづいている。この歪みを生む要因に、勝利をもっとも価値あるものと見做《みな》す「勝利至上主義」があり、これを是正すべく下された全柔連の決定は、誠に英断である。

目先の勝利ではなく将来性

もっとも、若年層におけるスポーツを健全化する動きはすでにみられる。

たとえば「全国ミニバスケットボール大会」は、二〇一八年に決勝トーナメントを廃止した。勝ち上がりで優勝を決める「トーナメント戦」は、どうしても試合数に偏りが出る。決勝に進出した二チームがもっとも多くなり、初戦で敗退したチームは一試合しかできない。そのため、各チームが二日間で三試合を行う「リーグ戦」に変更した。さらには「優勝を決めない交歓大会」であると明記し、過剰に競争意識が高まらない配慮もなされている。

ルールにも工夫が施され、防御の仕方をマンツーマンディフェンスに限定している。組織的にエリアを守るゾーンディフェンスでは、選手同士がうまく連携すれば個々の守備能力に依らなくてもすむ。これに対して「マンツーマン」は、一対一で相手の攻撃を阻止する能力が求められる。攻撃側からしても、一対一というシビアな情況でボールをキープする能力やドリブル能力が必要となる。つまり、このルールには、集団的な戦術というシステムに寄りかからず、個々のスキルを向上させる意図がある。

また、ベンチ入りした児童すべてが試合に出場しなければ没収試合になるというルールもある。体格に恵まれている、運動能力が高いなど、特定の児童ばかりが試合に出場する不平等を解消するためだ。勝敗にこだわれば、体格に優れ、能力の高い選手だけをつい起用したくなるが、それを認めない。チーム全員に試合経験を積ませて、ひとりひとりの成長を促している。

長い目で見れば、小学生同士の競技力の差など、あってないようなものである。身長がものをいうバスケットでは、体格差が競技力に直結し、急に背が伸びたことで頭角を表すケースが多い。だから、心身が発達途上の段階で、その優劣を際立たせるのは不毛でしかない。発育発達の差による一時的な競技力を基準に、児童から試合出場機会を奪わない意図があるのだ。

いずれにおいても、目先の勝利を追うのではなく、児童の将来性を配慮したレギュレーションである。

怒ってはいけない大会

他に知られるところでは、「益子直美カップ小学生バレーボール大会」がある。元バレーボール日本代表の益子《ますこ》直美氏の呼びかけで、二〇一五年から開催されているこの大会には、「指導者は怒ってはいけない」というルールがある。勝利にこだわるあまりつい熱くなり、ことばが尖った監督には益子氏自ら出向いて注意をする。それでも怒鳴りがつづくようなら、赤で×《ペケ》と書かれたマスクを着用させるという徹底ぶりだ。

第一章で、指導者の暴言は、根性を鍛えるという文脈で正当化されてきたと指摘した。同様に、勝つためのプロセスとしても正当化されがちである。

「勝つために」という大義名分は、指導者による児童への暴言を加速させる。たとえ周囲がその様子を目撃しても、熱意の現れであり、「勝つため」なのだから、ある程度は仕方がないと看過されがちだ。若年層におけるスポーツで長らくつづく悪弊《あくへい》と向き合い、それを改善するための取り組みが、「怒ってはいけない大会」である。

極めて真っ当なこの取り組みも、開催当初は周囲からいやがらせを受けたという。「怒ってはいけない」という冠だけで、その内実がともなわない「擬似大会」が開かれたりもした[2]。変革には、いつも軋轢《あつれき》がついてまわる。ハレーションをものともせず今日まで継続できているのは、現役時代に暴力による指導で自主性を見失い、引退後はなにをするにも自信が持てずに悩みつづけたという経験に裏打ちされた、益子氏自身の確固たる信念によるものだろう。「私のようになってほしくない」という信念は、自らの歩みを客観的に捉える、深い自省を経なければ生まれない。スポーツ現場から暴力や暴言がなくならない一因に、経験則を無自覚にくりかえす「暴力の連鎖」があるが、益子氏の取り組みは、これを乗り越えるための道筋を照らしている。

また益子氏は、バレーボール以外の競技でも暴力的な指導をなくすために、「一般社団法人 監督が怒ってはいけない大会」を二〇二一年四月に設立した[3]。勝ち負けを重視せず、「子どもたちがのびのびとプレーすること」を目的に、さまざまなスポーツで「怒ってはいけない大会」の開催を促している。二〇二三年からは日本スポーツ少年団の本部長にも就任し、若年層におけるスポーツの健全化を進める旗手として期待されている。

勝利をめぐる捩じくれた理路

若年層におけるスポーツは、徐々にではあるが確実に変わりつつある。日本にルーツがあり、五輪でたくさんのメダリストを輩出するメジャースポーツの柔道界が下したこの英断は、若年層におけるスポーツの健全化を加速させるにちがいない。

全柔連のこの発表は各メディアの注目を集め、朝日新聞デジタルでは、二〇二二年三月から十一月まで「勝利至上主義を考える」という特集を組んだ。全柔連会長の山下泰裕《やすひろ》氏をはじめ、元柔道家で筑波大学教授の山口香氏、元陸上選手の為末大《ためすえだい》氏、先にも挙げた益子直美氏といった元トップアスリートや、高校ラグビーで新しいリーグ戦を立ち上げた元選手で高校教諭の松山吾朗氏、スペインにあるサッカークラブのビジャレアルで育成に関わる佐伯夕利子氏といった指導者、そして「全国柔道事故被害者の会」代表の倉田久子氏がインタビューに名を連ね、それぞれスポーツの健全化に向けた考えを披瀝《ひれき》している[4]。

スポーツのこれからを描くうえで、この「勝利至上主義」を避けては通れない。

スポーツには勝敗がつきものである。どの選手もどのチームも、目指すところは勝利だ。競争に勝つことこそがスポーツの目的であり、それが果たされた暁《あかつき》にはこのうえないよろこびがもたらされる。にもかかわらず、勝利に最たる価値があると考えるのはよろしくない。

いささか矛盾するかのように思えるこの理路を理解するのは、そう容易ではない。ともすれば支離滅裂にも思える。でも、捩《ね》じくれたようにみえる理路にこそスポーツの本質がある。本章ではここに迫りたい。

[1]「小学生の柔道全国大会廃止『行き過ぎた勝利至上主義が散見される』」朝日新聞、二〇二二年三月十八日

[2] 島沢優子「益子直美さんがミズノの大会に違和感を抱く訳 『怒ってはいけない』同じ大会名でもこうも違う」東洋経済オンライン、二〇二一年五月八日

[3] 一般社団法人 監督が怒ってはいけない大会 公式サイト (http://masukonaomicup.com/)

[4]「勝利至上主義を考える」朝日新聞デジタル、二〇二二年三月十八日～十一月二十二日

13 「競争主義」と「勝利至上主義」はちがう

スポーツは勝利を目指す

勝ったらうれしい、負ければ悔しい。だから勝利を目指す。

至極、もっともである。

空は青いし、海も青い。川には水が流れ、山には樹木が生い茂る。地球は丸く、宇宙は無限。これと同じように、スポーツとは勝負だ。だから勝つためにプレーするのは、自ずとそうなる自然である。

これはなにも競技スポーツだけにかぎらない。他者との交流を目的とするレクリエーションスポーツもそうだし、自己との闘いを含めれば、健康を目的とするスポーツでさえ、勝敗をめぐって揺れ動く感情が不可欠だ。なにも血眼《ちまなこ》になって勝利を目指せといっているわけではない。負けることにささやかな抵抗さえあれば、それがエッセンスとなって活動そのものが充実する。その意味でスポーツは、健康の維持増進にも、人間関係の構築にも資するわけである。

すべてのスポーツでは勝利が目指される。

つまり、スポーツには「競争主義」があらかじめセットされている。個人や集団の競い合いを通じて全体の質を高めようとする考え方が、組み込まれている。「勝利至上主義」をめぐる議論がいまいち嚙み合わないわけは、ここにある。「勝利至上主義」を、スポーツに内在する「競争主義」と混同しているのだ。

「負けず嫌い」の効用

思い起こせば、私は物心がついたときから負けず嫌いだった。徒競走や棒倒しなど運動会の各種目、親と打つ将棋、正月に家族で遊ぶトランプなど、とにかく勝負事では勝ちを欲した。負けたときの、胃の奥がズシンと重くなる悔しさが、不快で仕方がなかった。しかもこの感情は、勝負が終わったあともしばらく尾を引くからうっとうしい。次の日も、その次の日も悔しい。程度はだんだん小さくなるものの、心の片隅にしぶとくとどまって思い出すたびに疼く。この疼きは、次また戦う機会に勝つまで完全には払拭されない。

だから、どんな勝負でもできるかぎり負けまいとして、いつのときも真剣だった。

この性格がスポーツに向かわせたのだろう。少年野球、ミニバスケットボールを経て、十三歳のときにラグビーをはじめた。やるからには勝ちたい。対外試合はもちろんのこと、チームメイトにも競技力において引けを取りたくない。三十二歳を迎える直前まで、十九年にもわたってラグビーというスポーツをつづけられたのは、この負けず嫌いな性格があったからだ。

あらためて選手時代をふりかえると、勝敗や優劣を競い合う環境がいまの私に大きな影響を及ぼしている。勝利がもたらす自信を積み重ね、敗北が突きつける屈辱感をバネにする。このサイクルを通じて、私は成熟を果たそうとしてきた。大学教員になったいまも、スポーツほどには勝敗を競い合わない環境でありながら、やはりこのサイクルを自ら作り出して研究に勤《いそ》しんでいるように思う。

ラグビーをしてきたことがいまの自分にどのように影響したのか、すべては語り尽くせない。経験そのものやそれから得られたもの、あるいは失ったもののうち、言語化できるのはほんの一部であり、大半はからだにめり込むようにして享受しているからである。

競争環境から恩恵を受けた身として、勝利への飽くなき追求は積極的に認める。「競争主義」は否定しない。冒頭で述べた通り、「競争主義」はそもそもスポーツに内在しているのだから、それの否定はスポーツの価値を揺るがすことになる。だから否定はできない。手放しでの礼賛は憚られるにしても、個人や集団の競い合いを通じて全体の質を高めようとする考え方には相応の効果があり、スポーツ経験者ならほぼ例外なくその恩恵に与っている。緊迫する勝負を経て勝利をつかみ、自らのからだがバージョンアップするときの快感情はたまらない。

勝つことが目的化した「勝利至上主義」

だが、「勝利至上主義」となれば話はちがってくる。

「至上」とは、この上もないこと、最上、最高という意味である。たとえば「至上者」は、さまざまな宗教に見られる万物の創造主・全知全能者としての霊的存在を、「至上命令」は、絶対に服従すべき命令を意味する。

「勝利至上主義」とは、勝利を最上の価値と認め、他のなにを差し置いてでも手にすべきとする態度になる。勝利を過剰に意味づけるという考え方で、いわば「競争主義」から派生した亜種である。

くりかえすが、「競争主義」とは、個人や団体の競い合いを通じて全体の質を高めようとする考え方だ。目的は勝つことではなく、「全体の質を高めること」にある。この目的を手放さないかぎりにおいて「競争主義」は機能する。

たとえばラグビーなら、チーム内のレギュラー争いが各選手の成長を、対外試合が両チームのまとまりを促し、ひいてはそれがラグビー界全体の成熟へとつながる。学校教育もそうで、定期試験の実施によって結果的にひとりひとりの学力や見識が高まり、彼、彼女らがやがておとなになって、成熟した社会が到来する。

大事なことなのでまたくりかえすが、「競争主義」における目的は「全体の質を高めること」である。これに対して「勝利至上主義」は勝利そのものが目的だ。

競争相手より秀でることを最優先すればどうなるのか。対戦する相手が有利にならないように情報を隠す、あるいは相手の失敗や失策をよろこぶようになる。そうして次第に全体の質が低下してゆく。ここに大きなちがいがある。

個人や団体が成熟を果たすための手段にすぎなかった競争が、いつのまにか目的化する。競争原理が効力を失うデッドラインに、「勝利至上主義」は出来するのである。

保護者や指導者がいつしか……

えてして競争は過熱しやすい。勝利はわかりやすく、瞬間的なよろこびを手にするにすぎないとはいえ、それがもたらす愉悦は計り知れない。とくに成長途上の子供にとっては、自己肯定感を高める成功体験として深く記憶に刻まれる。その様子を目の当たりにした指導者や保護者は、自ずと勝たせてあげたいと望むようになる。このささやかな欲望が、いつしか勝たねば意味がないと先鋭化し、ふと気づけば勝利を最たる目的とする「勝利至上主義者」になっている。

試合に負けたわが子の胸ぐらをつかんで叱責する保護者、二位では意味がないと準優勝の賞状を部員の前で破り捨てる指導者も、よくよく初心を思い出せば、当初は冷静に子供たちの成長を、将来を考えていたはずだ。それがいつしか過激な態度で子供に接するようになる。「競争主義」は、競争が過熱しないようにその都度ブレーキをかけつづけなければ、坂道を転げ落ちるように「勝利至上主義」へと堕《だ》してしまうのである。

勝利の追求は、そこに至るまでのプロセスが豊かになるという方便にすぎない。他のなにを差し置いてでも優先する、至上の価値ではない。競争を通じてつかんだ勝利は、その瞬間はよろこびに満ち溢れるものの、いざ手にしてみるとまるで陽炎《かげろう》のように霧消する儚《はかな》いものだ。それよりも勝利を目指すプロセスで身につくもののほうが、はるかに価値がある。

行き過ぎるのは「競争主義」

過熱するスポーツを批判する記事では、「行き過ぎた勝利至上主義」という表現が目につく。賢明な読者ならすでにお気づきだと思うが、ここまで述べてきた内容をふまえればこの表現は不正確である。

行き過ぎるのは、「勝利至上主義」ではなく競争主義である。競争主義が過剰になって勝利至上主義へと至るわけだから、「行き過ぎた競争主義」という表記が正しい。

この不正確なことば遣いが、読者や視聴者の誤解を招く一因になっている。「勝利至上主義」に関する映像を観たり、記事を読む際には、ここを読み替えてみてほしい。

くりかえすが、勝利を追い求める競争そのものは忌《い》むべきものではない。競争原理は、取り扱い方をまちがわなければ全体の質を高めるうえで有用である。問題は競争そのものにあるのではなく、「勝利を至上の価値とする考え方」にある。ここを深掘りしたうえで適切な対策を講じれば、スポーツを健全化へと向かわせることができる。

いつ、どのようにして、競争主義が「勝利至上主義」へと変質するのか、そのデッドラインを明示してみたい。

「ライバル視」か「敵視」か

スポーツをはじめるときは、誰もが初心者である。それぞれの競技で求められるスキルは、なにひとつ身についてない。「できないこと」だらけの初心者は、失敗しても咎められることはない。どんな失敗であっても、初心者だからという理由で自らに言い訳できる。だから、自分を責めずにすむ。「できない」がベースの初心者は「できたこと」をひとつひとつ積み重ねる、いわば足し算をするように安心してスポーツに興じられる。まるで幼い子供のように。

そこからしばらくすると、習熟に差が生じはじめる。飲み込みの早い人はすぐにできるようになるが、そうでない人はそれなりに時間がかかる。他者と比較して「できる／できない」の程度が浮き彫りになり、その差が気になりはじめる。

ここが「競争モード」へのとば口である。

他者との比較において優劣が露わになり、その差を埋めようと努める際には、否が応でも競争心が芽生える。いうなれば、チームメイト同士で争うフェイズに入るわけである。このモードでは、親しき者との関係性が揺さぶられ、図らずも心には波風が立つ。

先輩との競い合いがもたらす心の葛藤は、さほど問題にはならないだろう。年齢の差を理由に、いなすことができるからだ。部活動なら、一年ないし二年後には追いついてやると、臥薪嘗胆《がしんしょうたん》の境地でいればいい。彼我の優劣はそのまま競技経験の差なのだから、やがて時間が解決する。そう思っておけばいい。

では、自分よりも秀でた同級生ならどうか。

もし、その同級生が、自分よりも早く競技をはじめたのだとすれば、先輩のときと同様に競技経験の差を持ち出せばいい。五歳からはじめた人と十歳からはじめた人では、パフォーマンスに差が出るのは自明だからだ。センスがない、競技に向いていない、努力が足りないなどと自省せず、その同級生から学ぶつもりで接すればいい。

とはいえ、人一倍負けず嫌いな性格の持ち主なら、そう単純には思えないだろう。現状の差をいち早く解消しようとして、いささか力む。悔しさ混じりのこの張り合いは、意欲の源泉に留まっていれば問題ない。「ライバル視」するその同級生は、自らを高めるうえで貴重な刺激を与えてくれる、好敵手になるからである。

だがこのライバル視は、度が過ぎれば途端にネガティブに作用しはじめる。

自分が劣っていることに我慢がならず、そのあまりの不快さに、居ても立ってもいられない。悔しくて悔しくて、気がつけば四六時中そのことばかり考えてしまう。この感情に引きずられ、やがて心の揺らぎが制御できなくなると、その同級生の存在が疎《うと》ましく感じられる。自らの至らなさを浮き彫りにする試金石として目の前に立ちはだかり、好敵手であるはずの相手が、自らの存在を脅かす「外敵」へと変貌する。

こうなると厄介である。相手の失敗は自分の利得になるからと、その失敗を内心でよろこぶようになり、自らの手の内を明かさず相手を利する言動を、無意識的に慎むようになる。場合によっては、互いの信頼関係にも亀裂が生じ、かつて感じていた親しさがよそよそしさに取って代わる。

相手を「ライバル視」するのか、それとも「敵視」するのか。

ここが、競争主義が行き過ぎるデッドラインである。チームメイトが好敵手に見えるか、それとも敵に見えるか、この自己点検が、自ら励むスポーツ活動が有意義なものかどうかを判ずるリトマス紙になる。

彼岸に渡ってしまわぬよう

そうはいっても、なかなか難しい。そんな声が聞こえてきそうである。

確かに、この自己点検はいささか理想に過ぎる。なぜなら競争モードに入った選手が、いつのときもチームメイトをライバル視するのは至難の業だからだ。

現実的には、両者のあいだを漂うのが選手の心理であり、そのときどきの情況で好敵手に思えたり外敵に思えたりする。レギュラーになる、試合で活躍する、思い通りにからだが動くなど、自分が好調なときはライバル視できたとしても、レギュラーから外れる、試合で致命的なミスをする、できていたことができなくなるなど、怪我をしたときやスランプのときは、いとも容易に敵視へと変わる。取り巻く環境やからだの状態は、千変万化する。それに応じて心が波打つのが人間だからだ。

つまりスポーツ選手は、「勝利至上主義」と競争主義を隔てるラインを常に跨《また》いでいる。いつのときも「勝利至上主義」の領域に片足を突っ込んでおり、彼岸に渡ってしまわぬよう絶妙な身のこなしでバランスを保っている。ときにチームメイトを敵視しながらも最後の最後では好敵手として見ようと、身を捩りながら踏ん張っているのが、紛れもない現実だ。

敵視しそうになる気持ちに歯止めをかけて、平静を装う。この「やせ我慢」ができるかどうか。ここが実践的なデッドラインになる。内心の葛藤を表に出さないための「やせ我慢」ができてはじめて、競争主義の枠内に踏みとどまることができる。

お気楽なやせ我慢

そうはいっても「やせ我慢」はしんどい。とくに未成熟な子供には、おとなが想像する以上にシビアだ。社会性の獲得と相反するからである。他者との親和的なつながりを求める年代にとって、友人を好敵手とみなそうと努める「やせ我慢」がもたらす葛藤は、まるで台風のような暴風を心に巻き起こす。

激しい横風にさらされながら、平然と立ちつづけるためにはどうすればいいか。

「気楽さ」をもつことだ。

いつかは追いつくかもしれないし、追いつかないかもしれない。そのくらい呑気《のんき》でいて、いい。頭を抱えて考え込んだところで競技力の差は埋まらないし、怪我が治ったりスランプから抜けられるわけでもないのだ。むしろお気楽でいたほうがのびのびとプレーできるし、怪我の治りも早くなって、そもそもスランプに陥らずにすむ。勝負に負けたところで、命を奪われるわけでも、無一文になるわけでもない。

怪我やスランプの原因を理由づけようとする思考は、往々にしてネガティブな「レッテル貼り」になる。練習量が不足していたとか、メンタルが弱いからだとか、センスがないとかの自虐を招く。心身の限界に挑みつづける選手は、いつのときも怪我やスランプの危険が伴う以上、ときに自虐的になるのは必然だ。悩む必要などない。もっといえば、指導者のせいにするくらいの横柄《おうへい》さがあってもいいくらいだ。

神秘性を秘めるからだと向き合うスポーツ選手には、お気楽で呑気な身構え、つまり楽観的態度が不可欠である。この身構えを、せめて高校生くらいまでは手放さずにおけば、競争が方便にすぎないことを肌で理解し、のちの活動が豊かで実りあるものになるはずだ。

競争の取り扱い方を学べば、長らくそのスポーツと向き合えるようになる。燃え尽きることなく、引退してからもそのスポーツを楽しめるマインドがつくられる。「お気楽なやせ我慢」こそ、「するスポーツ」から得られる果実のひとつである。

「最後の支え」となるもの

元陸上選手の為末大氏は、「勝ち負けじゃないところにモチベーションがあったことが最後の支えになりました。どうやったら速く走れるか、という好奇心がモチベーションの半分でした」と、自らの競技経験をふりかえって語っている[1]。

いまよりもっと速く走ることへの好奇心が、モチベーションになっていたという為末氏に、私は共感する。勝ち負けではないところにもモチベーションがあったからこそ、長くその競技に親しむことができたのは、私も同じだ。

いってみれば勝ち負けとは、「他者との競い合い」である。「他者」を基準として、いまの自分の実力を確認するのがその本質だ。たとえば、対戦する相手が一〇〇メートルを一〇秒五で走り、自分は一〇秒四で走ったとすれば、それでいい。相手との比較において自らの優位性が確認できるので、とてもわかりやすい。

だが他者との競い合いは、ときとして自分の目を狂わせる。

もし相手の調子が悪く「一〇秒五」が不本意な記録だったとしよう。ベストではないタイムとの比較でたまたま手にした勝利なら、それに満足できるはずがないし、してはならない。次に対戦する機会に大幅に記録を縮めてくる可能性があるからである。

反対に、相手の体調がすこぶるよく、自己ベストを大幅に更新したのであれば、その勝利には価値があるといえる。相手のベストに勝ったのだから自ずと自信も芽生えるし、現時点では自分のほうが優れていると断じられる。

　どんな競争であっても、相手のコンディションがどうだったかによって、その試合結果から得られるフィードバックは変わってくる。自らの実力を推し量る基準が他者である以上、これは避けられず、勝ち負けがそのまま実力の優劣とは必ずしもいえないのである。

　ここで大きな問題が立ちはだかる。現実的には、他者のコンディションのすべてを把握することはできない。シューズを変えたとか体脂肪率が減り筋肉量が増えたとか、古傷が傷んでいたとかフォームを変えたばかりだとかのコンディションは、当人でないとわからない。

　いや当人でさえそのすべてはわからない。このからだは感覚をたどることでしかわかりえず、全貌を捉えられないものだからだ。全能感すら覚えるほどの好調だと自覚していても、実はそれがスランプ直前に訪れる束の間の状態かもしれないし、たとえ違和感や痛みを抱えていても、それを庇《かば》うことで無駄な力が抜けてベストに近いパフォーマンスが発揮できたりもする。

　つかみどころがないのが「このからだ」なのだ。身体感覚の総体として、朧《おぼろ》げながら描けるイメージでしかない。いま現在の自分のコンディションを、実態と過不足なく把握するのは、ほとんど奇跡に近い。少なくない誤差を含み込んだイメージの総体が、このからだである。

さらにラグビーのようなチームスポーツだと、選手同士の連携の良し悪しが加わる。チームとしてのつながりが入り混じるから、その試合結果がどの程度まで実力を発揮したゆえのパフォーマンスなのかは、わからない。複数人にわたるサインプレーの緊密具合とか、失敗を重ねて心がくじけた選手のネガティブさが、どれだけチーム全体に蔓延していたのかなど、考えうるファクターが無数に存在する。対戦したチームがベストの状態だったのか、あるいは絶不調だったのかがつかめない以上、その試合結果から類推される自らの実力は、砂上の楼閣《ろうかく》だ。目盛の幅がそのつど変わる定規で測った数値には、どれほどの客観性もないのである。

こちらがベストパフォーマンスをしても、相手がそれを上回るデキならば負けるし、こちらが絶不調でも、相手の調子がそれ以上に悪ければ勝つこともある。すなわち勝負とは水物《みずもの》であって、必ずしも試合でのパフォーマンスが実力そのものを反映しない。だからこそ勝敗に拘泥《こうでい》すれば、その実力を見誤る。ここで生じる迷いや混乱は、ときにスランプやイップスが入り込む隙になるから厄介だ。

おそらく為末氏は、これをいつかの段階で悟った。だから、勝ち負けよりも「どうやったら速く走れるか」という好奇心をモチベーションにした。他者との比較ではなく、過去における自分との比較に意識を向けたのだ。試合結果はひとつの目安にとどめ、それに一喜一憂することなく競技に打ち込んだ。だからこそ、「最後の支え」になりえたのである。

「このからだ」からの声は複雑

勝敗に一喜一憂しない態度は、傍目《はため》にはお気楽で呑気に映る。勝てばよろこび、負けて悔しがるのがスタンダードだと思う人の目には、いささか物足りなく感じられるはずだからだ。勝ってもさほどよろこばず、負けてもあまり気にしない。そんな姿に意欲の欠如をみてとる人もいる。

試合に勝った瞬間は確かにうれしい。込み上げるものもある。ただ、ほとんど活躍できず、自身のプレーに納得できていなければ、うれしさは半減する。もっとこうしとけばよかったという反省から、よろこびよりも悔しさが胸に渦巻く。

負けた瞬間は確かに悔しい。胃のあたりが重くなる。でも、自身のプレーに納得できていたならば、よろこびをともなった手応えも感じられる。表向きは悔しがりつつも、意図したプレーを成功させた場面がフラッシュバックして、思わず表情が綻《ほころ》ぶ。

勝ち負けとは異なる次元の、このからだからの声は複雑である。この複雑さは、勝ち負けがどこか他人事に思えるほどの心境になって、はじめて味わうことができる。このからだからのにぎやかな声に耳を傾けるには、勝ち負けを主題に楽しむ周囲の期待に忖度して、よろこんだり悔しがったりしている暇などないのである。

「やせ我慢」は、お気楽に、呑気でいることによってなんとか継続できる。お気楽で呑気に構えるうちに、いつしかそれが身体化し、やがて勝ち負けとはかけ離れた世界へと没入してゆく。ここに勝利至上主義が介入する余地はない。取り立てて勝敗に盛り上がるのはかぎられた指導者や保護者やメディアだけで、当の本人はそれとはちがうところで、ただひたすらこのからだと対話できる。この乖離に無頓着で、定型的な物語に流し込んでスポーツを語るのは、あまりにもったいない。

やせ我慢をするために、もっとお気楽に、呑気にやろう。

スポーツをする子供たちに、私はこう呼びかけたい。

うれしがらなくても悔しがらなくても、ただ見守ろう。

観客や保護者や指導者には、こうお願いする。

長い目でみれば、スポーツをすることと「このからだ」からの声の複雑さとは、いずれ平仄《ひょうそく》が合う。こう考えるおとなが増えれば、「スポーツ3・0」は実現するだろう。

[1]『中学生まで全国大会はいらない』為末大さん ヒントは駅のホームに」朝日新聞デジタル、二〇二二年三月二十四日

14

酷暑下のスポーツ再考

暑過ぎる夏

夏の終わりに、娘を連れて公園に出かけた。「キックバイクに乗りたい！」と、家を出るまでワクワクしていた娘だったが、公園に向かう道すがらだんだんことば数が少なくなっていく。やがて「あちゅい（暑い）……」としか口にしなくなった。額からは汗が滴《したた》り落ちている。みるみる元気がなくなるその様子を心配した私は、踵《きびす》を返し、冷房の効いた車でドライブすることにした。

天気予報によれば、この日の最高気温は三五度だった。風もほとんど吹いておらず、容赦のない陽射しが皮膚を焼き、生温い空気に息苦しくなる。まるで、ちょっとしたサウナに入っているようだった。地表がアスファルトで覆われた街なかでの体感温度は、おそらく四〇度を超えていただろう。身長が低く地面にほど近い娘は、私より過酷だったはずだ。

思い起こせば、いまから四十年ほど前は、ここまで暑くはなかった。

外遊びが好きだった私は、真夏でも元気に走り回っていた。遊びへの衝動が萎《な》えるほどの陽射しもなく、空気も乾いていた。熱中症警戒アラートが発表されることもなかったし、あったのは光化学スモッグ注意報くらいで、当時は暑さよりも大気汚染のほうが懸念されていた。とはいえ、いやな臭いも息苦しさも感じなかったから、なにも気にかけることなく日が沈むまで遊び呆けていた。

今年で四十八歳になった私は、もしかすると加齢による体力の衰えから、暑さへの耐性が落ちているのかもしれないとも思う。冷房の効いた部屋でのデスクワークにからだが慣れてしまい、ちょっとした暑さであっても身に堪えるようになっただけではないのか。そういう面も少しはあるにちがいない。ただ、それを考慮したとしても、あのころに比べれば夏の暑さは格段に増しているように感じる。「猛暑日」なんてことばも、当時はなかった。

遊びたい盛りで元気いっぱいの四歳児からその気力を奪うほどに、いま、日本の夏は暑い。暑過ぎる。

炎天下でプレーを強いられる高校球児たち

二〇二二年度の全国高校野球選手権大会（以下、甲子園）は、仙台育英が優勝を収めた。東北勢初の全国制覇に世間は賑わい、春夏連覇がかかる絶対的な優勝候補の大阪桐蔭《とういん》が、準々決勝で下関国際に敗れたことも話題になった。

主催する朝日新聞および後援の毎日新聞を中心としたマスメディアは、連日にわたって大会の模様を伝える。紙面や画面には、高校球児の爽やかさを強調した記事や映像が躍る。不自然に装飾された「感動物語」に辟易《へきえき》としながらも、元アスリートとしてはついそれに惹き込まれつつ、ちょっと待てよと思う。この炎天下でスポーツをするのって、どう考えてもおかしいだろうと。

大会三日目の第一試合、海星対日本文理の試合ではふたりの球児が守備の前後に足がって倒れ、担架にのせられたり味方に抱えられたりしてベンチ裏に運ばれた[1]。「足がつる」のは、発汗による体内の水分不足がおもな原因だ。日々の練習で鍛え抜かれたからだであってもそうなるほどの酷暑だということである。前日にも三人の球児が担架で搬送されており、また地方大会の開会式では、毎年熱中症で倒れる生徒が続出している[2]。

暑熱下での運動を控えるよう国民に注意を喚起しながら、酷暑のなかでプレーする高校球児にはそれをしない。室内にいても熱中症になる恐れがあるにもかかわらず、甲子園だけは例外的に挙行する。本来なら球児の健康を第一に考えて、大会時期を見直すなどの暑熱対策を講じるべきである。地球規模の気候変動で気温が上昇しつつあるのだから、それに応じて甲子園のあり方を抜本的に見直す時期に来ているのは明らかだ。

いやいや、厳しい環境であってもめげることなく懸命にプレーする球児の姿に感動するんじゃないか。それが甲子園ってもんだろう。なにをいまさら野暮なことをいうのだ。

こういう人は多い。ひたむきなプレー観たさに甲子園を心待ちにしている人は、少なからずいる。

もちろん、ファンの楽しみを奪おうとは思ってはいない。ただ、少し立ち止まって考えてみてほしい。自らは涼しい部屋のなかにいて、心身の発達が未熟な高校生が、過酷な環境下で苦しみながらプレーする姿に感動している。この構図を俯瞰的に見れば、いかに常軌を逸しているかに想像が及ばないだろうか。教育が目的の高校野球をエンターテインメントとして消費するおとな側の都合に、子供が振り回されているといえないだろうか。

ここにピリオドを打たなければならない。

伝統を重んじることは大切である。しかし、社会や環境の変化を考慮せず、頑なに存続にこだわるのはまちがっている。既成の仕組みに疑念を抱かず、変化を恐れるのは単なる思考停止だ。従来の価値観を手放そうとしないこの態度が、甲子園を飯の種にする主催者側の欲望に加担している現実を、直視しなければならない。改善すべき課題があるのに黙して異論を唱えないのは、いいおとながとるべき態度ではない。

なにも甲子園だけにとどまらない。運動部活動や地域クラブでは、たとえ真夏の日中であっても練習や試合を行っている。それを思えば、子供を取り巻くすべてのスポーツにおいて、暑熱下での取り組み方を抜本的に見直さなければならないはずだ。指導者が然るべき知識を身につけるのはもちろん、猛暑となる日中ではなく朝夕に活動する、あるいは練習時間を短くするなどの対策を、講じなければならない。地球温暖化が進むいま、子供の健康や健全な成長を第一に考えたスポーツ環境の整備は、喫緊の課題だ。

もし甲子園がその開催の仕方を大幅に見直せば、他もそれに追随して、若年層のスポーツは健全化へと向かうだろう。それを期待して、私は現行の甲子園を、中止も視野に入れて抜本的に見直さなければならないと考えている。酷暑への「やせ我慢」や、お気楽にプレーできないほどの厳しさは不要である。

ただ一点だけ、私のなかでどうしても引っかかることがある。元アスリートからすれば、この考えを素直に咀嚼できない自分もいる。

というのも、からだというのは、厳しさを乗り越えることでたくましくなるからである。「お気楽に、呑気にやろう」と先に呼びかけておきながら、舌の根も乾かぬうちに前言を撤回するのは気が引けるが、これが素直な気持ちである。

厳しさ、つまり自らの限界を超える経験を通じて、からだは鍛えられる。「少々の暑さ」であれば、それもまたスポーツには必要だ。快適さを追い求め過ぎれば、心身を練磨するというスポーツの醍醐味は削《そ》がれる。「そうはいっても厳しさは必要だろう」、そうこのからだが訴えかけてくるのである。

だからこそ、夏の終わりに暑いのがわかっていながらも、娘を公園に連れ出した。多少の暑さならば、慣れることもまた娘の発育につながる。そう考えたからだ。

私のこの引っかかりは、おそらくすべてのスポーツ経験者の胸の内にわだかまっていると思われる。「暑い暑いいい過ぎやろ、このくらい乗り越えんとどないすんねん」というマッチョな思考が、深層意識に根強く残っている。経験則からくるこの心理的な抵抗をどう乗り越えるかが、現実問題として横たわる。

つまり、自らの経験則を書き換える作業が、指導者をはじめとする運営サイドに求められている。快適さおよび厳しさを、どの程度まで求めればよいかを論理的および感覚的につかむこと、すなわち「程度の見極め」が必要なのだ。快適に楽しめる環境を目指しつつ、からだの発達やパフォーマンスの向上に不可欠な厳しさをどう確保するか。これが、酷暑下におけるスポーツ活動を見直すうえで欠かせない視点となる。

この「厳しさの確保」という問題は、暑さにかぎらず指導そのものについてもあてはまる。暴力や暴言がともなう指導は明らかに度を越しているが、上達を目指すプロセスでは、それなりの厳しさが必要となる。上手くなりたいと望む子供たちもまた、それを求めている。厳しさの下限と上限を正しく見極める目を、指導者をはじめとする私たちおとなは、身につけなければならない。

快適さはときに生ぬるさとなり、厳しさはときに暴力にもなる。適切な厳しさを確保するためには、科学的な知識もさることながら、経験的な人間理解のもとに子供や選手を見る目を養う必要がある。生来の性格、あるいはその所作や表情から当人の内面を汲み取り、肉体的な疲労をも見定める。知識と経験を総動員し、目の前にいるひとりの人間の心身がどういう状態にあるのかを、正しくつかむ。知識だけ、また経験だけを頼るのではなく、双方をともに頼りつつ、そのつど判断する。

つまり、指導者をはじめとするおとなは、すべからく「人を見る目」「情況を見る目」を身につけなければならない。このとき注意すべきなのは、現在私たちが直面する酷暑は、いまのおとなたちが現役だったころに経験したことがないものであるということだ。未経験の事態だということをふまえたうえでのアップデートを試みる必要がある。そうしてはじめて、「スポーツ3・0」における育成の方向性が見えてくる。

[1]「海星―日本文理でアクシデント連発」デイリースポーツ、二〇二二年八月八日

[2]「熱中症で倒れる生徒、記者の違和感　高校野球宮城大会開会式」産経新聞、二〇二二年七月六日

15

「胆力がある人」と「鈍感な鬼」

暗闇であがく

あらためていうが、スポーツには「厳しさ」が必要である。できないことができるようになるためには、いまの自分の能力をフルに発揮してもできないことへの挑戦が、欠かせないからだ。スポーツにかぎらず、「できない」から「できる」、あるいは「わからない」から「わかる」への跳躍には、相応の困難がついて回る。成長を望むのであれば「厳しさ」から目を逸らしてはならず、むしろ乗り越えるべき壁として歓迎すべきである。

できないことができるようになる、わからないことがわかるようになるためには、この壁をなんとかよじ登らなければならない。

だが厄介なことにこの壁は、てっぺんが見えない。どれほどの努力をすれば乗り越えられるのか、その見通しが立たない。わずかなくぼみを見つけてそれに手をかけ、着実に、淡々と登るうちに、ふと気がつけば壁の向こう側に降り立っている。上達とはそういうものだ。「二時間の練習を一週間つづければよい」というような定量的な努力ではなく、いつどこにたどりつくのかはわからないままに、ただ目の前のことに取り組むという、まるで暗闇を手探りで進むようなあがきが必要となる。

視覚が働かない暗闇では、見えないことからくる不安や恐怖と向き合わなければならない。その情況で前に進もうとすれば、視覚以外の五感は研ぎ澄まされる。微かな音を聞き分け、わずかな匂いを感知し、風の流れや温度の変化を肌で感じながら、やや前屈みになって摺《す》り足で進むしかない。

このあがきを通じて潜在能力は開花する。限界を越えるためにジタバタとするプロセスを経て、意識されず潜んでいた能力は顕在化する。

見通しが立たないにもかかわらず、手足をばたつかせる。この「あがき」こそが身体能力を高めるうえでは欠かせない「厳しさ」である。

「タフさ」にはふたつの側面がある

「窮鼠《きゅうそ》猫を嚙む」や「火事場の馬鹿力」という俚諺《りげん》があるように、追い込まれた状態でなんとか生き延びようとするのが生物であり、人間だ。誰も助けてくれず、自分ひとりの才覚でどうにかする以外に生きる道はないという情況になれば、生物としての人間は潜在能力を爆発的に発現させる。

生物学的装置ともいえるこのメカニズムを肌身で知る経験者は、選手につい「厳しさ」を求める。たとえそれが炎天下や暴言、暴力であっても、ある程度は必要なのだと否定しない。むしろ結果的に選手の潜在能力を開花させるのだからと、肯定する。

だが果たしてそれでいいのか。

思想家・武道家の内田樹《たつる》氏は、人としての尊厳を顧みず、人格を全否定して追い込むスパルタ教育では「胆力がつかない」という。

たしかに人間を追い詰めると、恐怖や苦痛や不条理に対して「鈍感」にはなる。でも、入力に対して鈍感になることと「胆力がある」ことは違う。胆力があるというのは、極めて危機的な状況に陥ったときに、浮き足立たず、恐怖心を持たず、焦りもしないこと。どんなに破局的な事態においても、限定的には自分のロジックが通る場所が必ずあると信じて、そこをてがかりにして、怒りもせず、絶望もせず、じわじわと手をつけてゆく。とんでもなく不条理な状況の中でもむりやりに条理を通していく。

胆力とはそういう心構えではないかと僕は思っているんです。頭に血が上って鬼になってしまうということと胆力があるということは方向がまったく違う。［1］

「厳しさ」を乗り越えれば、人としてタフになる。だが、そのタフな人間には、二通りあると内田氏は指摘している。

「胆力がある人」と「鈍感な鬼」である。

理不尽だらけの「厳しさ」では胆力が身につかず、感性が鈍く感情が制御できない鬼を育てることになるというこの見立ては、実に的を射ている。心身ともに追い込まれた情況で身につくタフさには、こうした負の側面があることを、私たちは自覚しておかなければならない。

恐怖や苦痛、不条理を感知する力は誰しもに備わっている。怖いと感じるからこそ慎重に事に当たれる。苦痛や不条理は取り除かなければ、時間とともに心身は擦り減ってゆく。

鈍感な個体は身に迫る危険を感知できない。怖いもの知らずの無鉄砲さは大怪我を招き、歯を食いしばって耐える状態は、徐々に生命エネルギーを枯渇させるからだ。恐怖や苦痛、不条理を感知する力は、生きる力そのもの。恐怖や苦痛、不条理をなんとか解消すべく、感情を制御しながら思考を重ねつつ粘り強く事に当たる。そうすることで私たちは生きる力を高めることができる。

生きる力を育む〈厳しさ〉を

内田氏のいう胆力は、この生きる力と重なり合う。

「厳しさを乗り越えてこそ成長できる」のは、確かにそうである。生ぬるい環境で人が育たないのは、紛れもない事実だ。ただ、だからといって、理不尽さで心身を追い込み手っ取り早くこしらえた「厳しさ」を、選手に課すのはちがう。「鈍感な鬼」に育つからだ。そうではなく、胆力すなわち生きる力が身につくような質の高い「厳しさ」を、模索する。これが、これからのスポーツの課題だ。

頭がボーッとするほどの酷暑下で、なぜ練習や試合を行うのか。

退屈な反復練習を押しつけるだけの一方的な指導は、スポーツ指導と呼べるのか。

痛みが激しく十分にパフォーマンスができないにもかかわらず、無理をして試合に出なければいけないのはなぜか。

心がこもっていないかたちだけの挨拶に、意味はあるのか。

なぜ丸刈りにしなければならないのだろう。
たかだか数年長く生きているだけで、そんなにエラいのか。
はじめたばかりのころに感じていた楽しさは、いつ失われたのだろう。
指導者を怖がりながらプレーするのは、おかしくないか。

レギュラーになるには、仲間を蹴落とさなければならないのだろうか。

恐怖や苦痛や不条理を前にして葛藤する選手の内面を、忽《ゆるが》せにしない。安易な解決法を与えず、自らの力で乗り越えるための「余白」を、全力で確保する。選手が自ら導き出した結論を尊重し、自発的にその一歩を踏み出すまで、じっと待つ。こうした気配りのうえに築かれる〈厳しさ〉をこそ、私たちは追求しなければならない。ただでさえ、選手は暗闇のなかを歩くようなもどかしさを感じている。だから、それに寄り添い、励まし、ときに叱咤《しった》する。この絶妙な匙《さじ》加減に、傍に立つおとなが心を砕けばスポーツは変わる。

繊細かつ大胆な人物が育つ。そんな〈厳しさ〉を、追求しなければならない。感性を鈍《どん》磨《ま》させ、生きる力を削ぐ「厳しさ」の元凶である酷暑や暴力などは、もってのほかである。「スポーツ3・0」は、競技力のみならず生きる力をも育むものでなければならない。

[1] 第一編集局セオリープロジェクト『セオリービジネス　教える力、育てる力』講談社、二〇〇九年、一六〜一七頁

第五章

応援とテクノロジー

16 過熱する応援——「観る」と「する」の隔たり

「最近は野次がひどい」

生粋《きっすい》の阪神ファンである友人から聞いたのだが、最近は野次がひどいらしい。プロ野球を、結果を追うくらいでそれほど熱心には観ない私は、阪神ファンの野次は、周囲をクスッと笑わせるアイロニカルな声援だと思っていた。試合をオモシロく観るためのエッセンスだと、ずっと思っていたのだが、どうやらそうではないらしい。耳にするのもSNS等で見るのも嫌気が差すほどで、思わずファンをやめたくなるという。

野次は愛着の裏返しである。好きだからこそついことばが過ぎるのは、さまざまな場面でよくあることだ。だが、周囲を不快にするほどの激烈な野次は、やはり控えるべきである。オブラートに包まないネガティブな感情は、人を遠ざけることになるからだ。

スポーツの応援は、明らかに過熱しつつある。

二〇二二年十月一日、インドネシアのプロサッカーリーグで大惨事が起きた。二十三年間、本拠地で負けなしの相手に敗戦したチームに腹を立てたサポーター約三〇〇〇人が暴徒化し、治安部隊と衝突して、子供を含む一三〇人以上が死亡した。多数の死傷者を出した原因に、スタジアム内の避難経路が施錠されていたという不備や、警察が催涙ガスを使用したために数百人がパニックに陥ったことが指摘されているが、きっかけは「応援の過熱」である。サポーターが高ぶる感情を抑え切れず、ピッチになだれ込んでさえいなければ、この大惨事は起きなかった。

サッカーには「フーリガン」がいるといわれる。フーリガンとは、試合の進行を妨害するほどの熱狂的なファンのことだ。彼らによるこの手の惨事は、過去をふりかえればたびたび起きている。

一九八五年にベルギーで行われたUEFAチャンピオンズカップの決勝で、多数の死傷者を出した「ヘイゼルの悲劇」。もっとさかのぼって、一九六四年にペルーで行われた東京五輪南米予選では、主審の判定を不服とする地元ファンの抗議が暴動となり、少なくとも三一八人が死亡、五〇〇人以上が負傷した（「エスタディオ・ナシオナルの悲劇」）。サッカー界では、フーリガンの狼藉《ろうぜき》によって死者が出るほどの暴動が間欠的に起きている。

ノーサイド精神を重んじるラグビー経験者からすれば、俄《にわか》には信じられない話だ。

と、いいたいところではあるが、どうやらラグビー界にも過熱する応援は波及しつつある。近年のヨーロッパでは、フィールドに花火などを投げ込んで乱入する、相手チームのファンと乱闘を演じるなどが問題視されつつあり、その背景には社会に不満を持つ若者の存在があると、国際政治学者の六《む》辻《つじ》彰《しょう》二《じ》氏は指摘している[1]。

ラグビーには、フーリガンがいない。ずっとそういわれてきた。だが、ラグビーリーグの一部では情勢が変わりつつある[2]。「応援の過熱」がラグビーにさえ及んでいる現実を思えば、スポーツ界全般に広がりつつあるといっていいだろう。

わが子かわいさに声を張り上げる親

「応援の過熱」が深刻な問題となっているのは、とくに若年層のスポーツである。わが子かわいさに声を張り上げる親のそれだ。

対戦相手のプレーにいちゃもんをつけて重圧をかける。審判の判定にはあからさまに不服を漏らす。メンバーの人選に不満があると指導者にそれをぶつける。不甲斐ない試合をしたからといって、わが子を罵倒する者までいるというのだから、常軌を逸している。

この問題を重く見た全柔連が小学生の全国大会を廃止したことは、すでに述べた。親からの度が過ぎた介入は、目も当てられない。

親による過剰な応援は、日本だけではなく世界的にも問題視されている。

イングランドにあるラグビークラブ、ロンドン・アイリッシュのグラウンド脇には、次のような看板が立っている。

PLEASE REMEMBER
THESE ARE KIDS
THIS IS A GAME
THE COACHES ARE VOLUNTEERS
THE REFEREES ARE HUMAN
THIS IS NOT THE 6 NATIONS

彼らは子供です。

あくまでもゲームです。

コーチはボランティアだし、レフリーは人間です。

最後の行にある「THE 6 NATIONS」とは、イングランド、スコットランド、アイルランド、ウェールズ、フランス、イタリアの六カ国が優勝を争う国際大会だ。つまりこの一文は、「代表選手が集うプロの大会ではありません」という警句になる。

内容からわかる通り、これはエキサイトする親たちを窘《たしな》めるためのものである。

アメリカ在住のスポーツジャーナリスト谷口輝世子《きよこ》氏は、これと同様の立て看板がアメリカ国内にもあると報告している[3]。

「勝者効果」

スポーツの応援が過熱する理由はいくつかある。

勝利を収めたあとの選手の体内では、男性ホルモンの一種であるテストステロン値が高まることがわかっている。生きる活力や決断力などバイタリティを高める作用のあるテストステロンの分泌は、勝利後におとずれる高揚感を醸成する。これを「勝者効果」という。

スポーツのみならず、さほどからだを使わないチェスやビデオゲームをする人、また為替のトレーダーにもこの効果がみられるというから、勝負事に勝てば否応なく興奮するように、このからだはできている。

この「勝者効果」は、「する人」だけでなく「見る人」にも現れる。チームや選手が勝利を収めてよろこぶ様子を目の当たりにすれば、当の選手たちと同じようにテストステロン値が上昇するのだ。もしそれが感情移入している贔屓チームや選手ならば、なおさら顕著だという。

人類史そのものが生存競争の連続だったからだろうか。競い合いを勝ち抜くことと生き延びることが同義だった時代の記憶が、このからだに刻まれているとも考えられる。どうやら私たちは、競争をしたり見たりすれば、おのずと高揚するようにできている。

他者との同期によって欠落するもの

もうひとつの理由に、ミラーニューロンの働きが挙げられる。

ニューロンとは脳を構成する神経細胞のことで、そのなかに視覚で捉えた動きをまるで鏡写しのように読み取るミラーニューロンがある。他人の動きを見ているだけなのに、まるで自分がやっているかのように感じられ、たとえこのからだではできない動きであっても、その動きをしたときと同じような反応が脳内で起こるのだという。たとえば、エンゼルスの大谷翔平選手がホームランを打つ姿を見たとき、脳内だけは大谷選手と同期しているわけだ。いわば大谷選手のからだに自分の頭をくっつけて、その体感を仮想的に味わっている。

しかもミラーニューロンは、動きの視覚特性だけでなく、その意図すらも汲み取って再現するらしい。パフォーマンスのみならず、心の動きさえもトレースしているのだとすれば、まさにその人に「なりきっている」といっていい。

そういえば職人の世界では、師匠の仕事ぶりをひたすら見つづけることが修業とされ、武道では「見取り稽古」に重きを置く。脳科学が明らかにするまでもなく、見ることで師匠になりきり、動きを先取りすることが技の習得を促すと、先人たちは肌感覚でわかっていたのだと思われる。

まるで自分がそこにいて、プレーしているかのように感じるこの錯覚が、応援の醍醐味だ。それを期待して、私たちはスポーツ観戦に没頭する。つまりスポーツの応援は、自分と他者との境界を溶解させ、身体的な興奮とともに自分ならざる者への仮想的な同期を促す。

これが、応援を過熱させる。

身を乗り出した応援は、あなたと私を一体化させる。贔屓にするアスリートやわが子の一挙手一投足が、まるでわが身に起きたことのように感じられる。しくじりや達成、それにともなう恥ずかしさや高揚感が、リアルにこのからだを貫く。この興奮は、意思の力では抗いがたい。

自他の境界が曖昧になるこの情況で、つい欠落しがちなものがある。敬意である。

家族でも恋人でも友人でも、互いの距離が近づくほどに、ことば遣いはカジュアルになる。丁寧語や敬語がよそよそしく感じられる関係性を思い浮かべれば、わかるだろう。親しみは、ことば遣いに現出する。

だが、その親密さに甘えてことばが過ぎれば、信頼関係は崩れゆく。人と人とが適切な距離を保つためのことば遣いを支えているのが、敬意である。性格や趣味嗜好、思考の癖など、そのすべては理解できないあなたを、私とは異なる存在だと認めてはじめて人は敬意を抱くことができる。

自他の区別が曖昧になり、他者への敬意を欠けば、エスプリの効いた野次が罵詈雑言となり、成長へと導くはずの指導が暴言にまみれる。対象がわが子となれば親心が加わるから、さらに遠慮のない介入を呼び込み、ともすれば虐待へとつながる。

選手や子供に敬意を抱くために、応援が過熱しがちな理由をもうひとつだけ挙げる。

観客および親は、試合が行われているピッチを、やや斜め上から眺めている。そこからだと、ディフェンスの陣形や空いているスペースが、まるでTVゲームをしているときのようによく見える。つまり観客や親は、俯瞰的なまなざしで試合を観ている。

だが、ピッチに立つ選手や子供はちがう。同レベルの地平にいるから、近くは見えるが遠くは見えづらい。たとえばラグビーなら、相手選手の接近を警戒しながら、フォローしてくれる味方のポジショニングを意識しつつ、攻めるべき有効なスペースを探している。このスペースは視覚では捉えられないことが多く、五感を総動員しながら練習に裏打ちされた想像力を駆使して、予測しなければならない。重圧に押されて緊張すれば五感が十分に働かず、予測が狂って判断をまちがうこともある。

いわばグラウンドやコート上の選手や子供は、カオスの只中に放り出されている。知覚や経験則に物をいわせなければ、対処できない。この視点のちがいもまた、観客や親と、選手や子供の分断を生む一因となっている。試合のとある場面について自分がまるで監督のように語れるのは、あくまでも傍観者としてよく見えていたからだ。もし自分がピッチに立ったのならなにひとつプレーできないにもかかわらず、上から目線で揚げ足を取ることができるのは、見下げる位置にいるからである。

なぜ、あの場面で判断を誤ったのか、チャンスをつかみきれなかったのかなどについて、選手や子供の目線に立ってその臨場感を想像する。味方とのコミュニケーションが思うようにとれていないのかもしれない。マッチアップする相手の重圧に気圧《けお》されているのかもしれない。会場の雰囲気に飲まれてしまったのかもしれない。選手や子供は私たちの欲望を満たすマスコットではなく、ひとりの人間である。だから、迷いもすればまちがうこともある。揺れ動く心と必死に折り合いをつけようとするその懸命な姿勢に、私たちは感動を覚えるはずではなかっただろうか。

つまり、自らが「傍観者」たることの自覚が、敬意へとつながるのである。

アスリートもひとりの人間である。夢の世界の住人ではない。

子供もまたひとりの人間である。未熟ではあるものの人格が備わった選手だ。

他人の視線が集まる場に出る覚悟を決めて、競争に身を投じた彼、彼女らを、他者として観る。応援を過熱させないためには、この構えを手放してはならない。観る者とする者、私とあなたの隔たりにこそ、敬意は生まれる。

［1］六辻彰二「ラグビーにはびこるフーリガン――なぜ『紳士のスポーツ』が暴力を招くか」Yahoo!ニュース、二〇一九年十月六日

［2］世界的にみるとラグビーには統括団体が異なる二種がある。リーグ（一三人制）とユニオン（一五人制）だ。二〇一九年日本で開催されたW杯は「ユニオン」である。六辻氏が記事のなかで取り上げているのは「リーグ」であり、「ユニオン」にまで応援の過熱が広がっているかどうかは定かではない。

［3］ミシガン州の野球場、サッカー場、イリノイ州のアイスリンクにも同様の看板が立てられている（谷口輝世子『なぜ、子どものスポーツを見ていると力が入るのか』生活書院、二〇二〇年）。

17 テクノロジーの介入

「三笘の一ミリ」とテクノロジー

日本代表が史上初のベスト八にあと一歩届かなかった、二〇二二年開催のサッカーW杯カタール大会で、私がもっとも記憶に残っているのは「三笘《みとま》の一ミリ」である。

グループステージのスペイン戦の後半まもなく、田中碧《あお》選手がチーム二点目のゴールを決めた。それをアシストした三笘薫選手がセンタリングを上げた瞬間、足元のボールは相手ゴールラインを割るか否かの微妙な位置にあった。いや、画面上でくりかえされるスロー映像では、エリア外に出ているように見えた。万事休すかと思われたが、VAR（Video Assistant Referee）の結果、わずかながらライン上にボールが残っていると判定され、ゴールが認められた。

サッカーだと、ライン上はエリア内となる。ボールがラインにふれるわずか一ミリを、上空から映すカメラが捉えていたのである。

これが決勝点となり、日本代表はW杯優勝経験のあるスペインに勝利を収めた。もしVARがなければ、ボールがラインを割っていたとみなされてゴールは取り消され、その後の展開は変わっていただろう。勝敗の行方すら、変わっていたかもしれない。

昨今では、サッカーのみならず他競技でも積極的にビデオ判定が導入されている。ラグビーでも、得点に絡むシーンや怪我の恐れがある危険なプレーにかぎって、TMO（Television Match Official）による判定が下される。

テニスやバレーボール、野球も映像による判定を導入しているが、サッカーやラグビーのように、レフリー主導でビデオ判定をするのに加え、判定に疑義が生じた際に選手や監督が審判に要求して、ビデオによる判定が行われる場合もある。だから、流れが悪いときに間を取るなど戦術的に利用されたりする。

導入の仕方にちがいはあれど、いまやビデオ判定は多くのスポーツに組み込まれている。試合時間が伸びる、あるいは流れが断ち切られて間伸びするなどの否定的な意見がありつつも、プレーヤーには公平性を、観る者にはわかりやすさを提供するからと、概《おおむ》ね好意的に受け入れられている。

ビデオ判定以外にも、さまざまなテクノロジーがスポーツに導入されている。

フライボール革命

有名どころでは、近年の米メジャーリーグ・ベースボール（ＭＬＢ）を席巻している「フライボール革命」である。フライを打ち上げればより高い確率で得点につながり、勝利に結びつく確率が高まるという打撃理論だ。

私が幼少のころは、バットで上から叩きつけてゴロを転がす打ち方がよしとされていた。相手が取り損ねることも含めて、出塁する蓋然性が高くなるからと教えられたが、それとは正反対である。

打球速度が一五八キロメートル毎時以上で、打球角度が二六度から三〇度の範囲に打ち出されたボールは、八割以上の確率でヒットになり、その多くがホームランになる。そのため、水平に対して一九度のアッパー軌道でボールを打ち上げるように、バットを操作すればよいとされている。昭和の時代に野球に親しんだ私には、隔世の感がある。

このフライボールの有効性を明らかにしたのが、「スタットキャスト」だ。これは、軍事技術を応用した高性能の追尾レーダーによって打球や投球、選手の動きを追尾し、分析するデータ解析システムである。ＭＬＢの三〇球団すべての球場に、「トラックマン」という高性能弾道測定器と、選手の動きを三次元的に撮影する「トラキャブ」という画像解析システムを導入し、半自動的にデータを収集するこれらを基盤にして、MLBが独自に開発した。「フライボール革命」という新打撃理論は、テクノロジーが結集した「スタットキャスト」によってもたらされたわけである。

これに対して、投手の側ももちろん対策を講じる。球速や回転数、軌道、曲がり幅までもが詳細にデータ化され、それを解析した結果、打席から七メートル先の地点までストレートと同じ軌道でやってくる変化球を、打者は高い確率でストレートだと錯覚することがわかった。投手と打者のあいだの距離が一八・四四メートルだから、中央より二メートルほど打者に近づいた地点、すなわち錯覚を引き起こすポイントを「ピッチトンネル」という。そのため投手は、そこまでの軌道をできるかぎりストレートに近づけた変化球を身につけようと、練習を重ねる。

打者はフライボールを打つために、投手はピッチトンネルを通すために。打者、投手ともに、ビッグデータの分析結果に合わせて実践するようになった。内側からの感覚を頼りに独自の打ち方や投げ方を模索するのではなく、データが導き出した最適解めがけてこのからだを鍛えるようになったといえる。

「咄嗟に動けるからだ」をつくる

データ革命は、他の競技にも及ぶ。

たとえばバレーボールでは、コート周辺にいるスタッフが分析したプレーの詳細なデータが監督のタブレット端末に送られる。サーブはどこが狙い目で、反対に誰が狙われているのか、敵のブロックはストレート側を閉めているのか、クロス側に的を絞っているのかなどがリアルタイムに分析され、それをもとに監督はコート内の選手に指示を出す。したがって競技の醍醐味とされているセッターの配給パターンも、選手や監督の経験や直感よりも過去のデータサンプルを活用したAIによる予測が優先されがちとなる。

セットやイニングなど、試合中に時間が止まるバレーボールや野球とちがい、常に現在進行形でプレーが止まる時間がほとんどない「複雑系のスポーツ」であるサッカーにも、データ革命の波は押し寄せている。

加速や減速を含んだ各選手の総走行距離の計測は、もうお馴染みだろう。だがこの指標は、それ自体ではさほど大きな意味をなさない。どれだけ長い距離を走ったところで、それが効果的なパスや得点につながらなければ、「無駄走り」になるからだ。事実、アルゼンチン代表のリオネル・メッシ選手の総走行距離はさほど長くはなく、試合中も歩いているシーンをよく見かける。つまり、彼は「機を見るに敏」であり、古いいい回しでいえば「ゴールへの嗅覚」に優れている。

複雑系のスポーツにおけるプレーの良し悪しは、「文脈」によって左右され、さまざまな環境要因をふまえた判断力が重視される。ほとんどプレーが途切れず、監督から指示を出す機会もかぎられることから、データ革命の影響を受けにくい。そう思われていた。

サッカーに特有の判断力や認知機能を高めるべく導入されているのが、「フットボナウト」である。これは一四メートル四方の立方体からなる巨大な練習装置で、各側面に八つのボール発射口がある。選手は、そこからランダムに発射されるボールを、決められた枠を目がけて素早く正確に蹴り返す。いってみれば、「咄嗟《とっさ》に動けるからだ」をつくるためのトレーニングである。

狙いは無意識、つまり知覚や感覚といった前‐意識的領野への働きかけだ。第三章で私は、このからだとの対話が「するスポーツ」の醍醐味だと述べたが、意識が介在せずほぼ自動的に対応できるからだを目指すという点で、このトレーニングには対話の余地がない。

スポーツ社会学を専門とする山本敦久氏が、「選手は、創意工夫しながらプレーする存在ではなく、データによって予測される結果に対応してリスクマネージメントに従属するエージェントであるかのようだ〔1〕」と指摘するように、創意工夫をする主体性の阻害が懸念される。

データありきのスキルおよび戦略や戦術、そしてトレーニングにおいて、選手の主体性はもはや重要ではない。導き出された最適解を実践するのも、前－意識的領野の向上も、確かに容易ではないだろう。部分的には、スポーツそのもののレベルアップにつながるのかもしれない。だが、テクノロジーの介入によって選手の主体性を侵食しつづけた先に待つスポーツの姿を、元アスリートの私は素直に肯定できない。

「頭を使わなきゃできない競技なんですよ、本来は」

元メジャーリーガーのイチローは、二〇一九年三月に行った現役引退の記者会見で次のように述べた。

二〇〇一年にアメリカに来てから二〇一九年の野球は、まったく違う野球になりました。まあ、頭を使わなくてもできる野球になりつつあるような。これがどうやって変化していくのか。次の五年、一〇年、しばらくはこの流れは止まらないと思いますけど。本来は野球というのは……これダメだな。これ言うとなんか問題になりそうだな。問題になりそうだな。頭を使わなきゃできない競技なんですよ、本来は。でもそうじゃなくなってきているのが、どうも気持ち悪くて。ベースボール、野球の発祥はアメリカですから。その野球がそうなってきているということに危機感を持っている人って結構いると思うんですよね。〔2〕

ここでイチローが感じている「気持ち悪さ」は、ビッグデータの解析といったテクノロジーの介入によって、頭を使わなくてもすむようになりつつある現状に向けられたものだろう。創意工夫や試行錯誤がさほど求められない風潮を肌で感じ、それへの不快感を吐露したのだと思われる。

テクノロジーの進化は、これからもつづく。ビッグデータ分析による最適解が、スポーツのみならず社会の隙間を埋めてゆくのはまちがいない。「わかりやすさ」や「便利さ」は歓迎すべきだが、ただそれに頼り過ぎれば、確実に「このからだ」は衰えてゆく。「わかりやすさ」は思考や想像を必要としないし、「便利さ」はさほどからだを使わなくてもすむということだからである。

もし、健やかでしなやかなからだを育みたいと望むならば、テクノロジーの進化に、ただただ身を委ねていていいわけがない。不便さを愛でるような、そんな余白を確保する努力が、おおよそのことはスマホひとつで事足りるいまの社会を生きるうえでは、不可欠な心がけだ。

この身ひとつであれこれ遊べる。ああでもない、こうでもないと考えながら、手足をばたつかせつつ主体的に取り組む。このプロセスにこそ、スポーツのオモシロさはある。

[1] 山本敦久『ポスト・スポーツの時代』岩波書店、二〇二〇年、六〇頁
[2] 同上書、二五頁

終章

元アスリートのことば

——テクノロジーとの融合を

スポーツ3・0とテクノロジー

もし、私がまだ現役選手だったなら、ここで筆を置いていただろう。身体運動感覚を頼りにスキルを高めてきた経験から、テクノロジーの介入にノーを突きつける。テクノロジーに頼らず、「このからだ」との対話をつづけることこそがスポーツなんだと、頑として譲らなかったと思う。

でも、いまは、研究者である。「するスポーツ」から「観るスポーツ」へとその立ち位置を移し、スポーツの行く末を案じて研究に取り組む立場からすれば、テクノロジーの介入を拒むという態度は後戻りでしかない。

元アスリートとしての経験則は、科学的アプローチを経て十分に吟味することで汎用性を獲得する。薄っぺらい懐古主義に陥ることだけは、避けなければならない。

イチローがいわず語らず指摘した古き佳《よ》きものと、テクノロジーの進化を結びつける。その道筋を指し示すことこそが、「スポーツ3・0」の要諦となる。

調子がいいのか、悪いのか

調子がいいときほど怪我をしやすい。現役時代はトレーナーやコーチ、チームメイトからよくいわれたし、おそらくスポーツ経験者なら、一度は耳にしたことがあるはずだ。「このからだ」の調子がよい。痛みも違和感もなく、ほぼ思い通りに動ける。そんなときほど肉離れなどの怪我をしやすいというのは、スポーツ現場でまことしやかにいわれる信憑である。

私の経験則からも、これは的を射ている。だが、望むべきはずの好調に怪我というリスクがともなうという逆説は、現役時代の私にはとても窮屈に思えた。目指すべき境地を素直に目指せないもどかしさが、ついて回った。恐る恐るブレーキを踏みながらエンジンを吹かすような、不完全燃焼を強いられるスポーツ活動とは、いったいなんなのか。この疑念が、ずっと心にわだかまっていた。

これとは反対に、ちょっとした痛みや違和感があったときには逆にベストパフォーマンスができるというものもある。「このからだ」にどこか不自由さを感じているほうが、パフォーマンスは高まるという信憑である。

これには確かな実感がある。二〇〇〇年度社会人大会決勝のトヨタ戦がそうだった。試合を重ねるごとに積み上がった疲労で、試合前は腰に痛みを抱えていた。練習が終わると早々に切り上げ、ストレッチや電気治療などチームトレーナーにケアをしてもらいながら、どうにかこうにか試合に出場した。

決勝戦だから、勝っても負けてもこれで最後だという覚悟はあった。痛みが激しくても、これで最後だと思えば、幾分かは軽くなる。不思議なことに、前日は腰が沈み込む柔らかいベッドでは眠れず、床に毛布だけを敷いて寝たほどの痛みが、試合当日はほぼなくなっていた。完治とまではいかないが、やや違和感が残る程度にまで回復していたのだ。

それでも、完璧な状態からはほど遠い。走っていても、いつものスピードが出ておらず、空回りした感じが拭えなかった。デキは七割ほど。試合前のウォーミングアップではそう感じていた。

それがいざ蓋を開けてみれば想定をはるか凌駕《りょうが》するプレーができた。前半まもなく吉田明さんのパスを受けたあと（第一章を参照）、トップスピードに乗り、相手選手を振り切ってトライを決めた。その直後に再びトライを決めたあと、後半には相手選手を弾き飛ばすランニングもできた。腰に不安を感じていた試合前には想像すらできなかったハイパフォーマンスが、発揮できたのである。

いまの自分は調子がいいのか悪いのか。ハイパフォーマンスを発揮できる状態にあるのかないのか。「このからだ」の状態を、身体実感だけで推し量るのは意外にも難しい。

ここにテクノロジーを介入させる余地がある。

身体感覚がつく嘘を見破る

たとえば、疲労感を正確に把握するために、アップルウォッチなどの心拍数を計測する機械を利用する。走り込みをしたあとなど、疲労が感じられるときに手元で心拍数を測る。鼓動の速さや筋肉疲労など、「このからだ」からありありと感じられる身体実感に、客観的な指標としての心拍数を当てはめる。心拍数が高ければ血中酸素が欠乏している状態だから、疲労の程度は高い。逆に低ければさほど疲れていない。体感的につかみづらい身体実感に物差しを当て、いま、ありありと感じているそれが正しく把握できているかを確認する。

さらにGPSの装着によって測定できる総走行距離や加速回数からは、運動量が把握できる。練習後にありありと感じるこの疲労感が、どれほどの運動量によって生じたのか。加速と減速をくりかえした結果としての筋肉の張りなのか、それとも長距離を走りつづけたがゆえの筋疲労なのか。ぼんやりとした疲労感を数値化されたデータと照らし合わせれば、より正確にその程度がつかめるようになるだろう。

曖昧模糊《あいまいもこ》とする身体実感は、いざそれを解釈するときにまちがうことが多い。身体感覚はときに嘘をつくといっていい。その嘘を見破るために客観的な指標を用いるのである。「調子がいい」という自覚が怪我の予兆であるという信憑は、選手を思いのほか追い詰める。全能感ともいえるスポーツをするうえでの主観的な楽しみが、否定されるからだ。思い通りに動けるという身体実感を求めながら、いざその状態になれば怪我をするリスクがともなうというのは、出口のないトンネルを彷徨《さまよ》うように苦しい。

「このからだ」の調子がよいという身体実感は、一切の憂いがない澄み切った状態ではない。違和感のひとつやふたつを抱えたくらいの、そこそこよい状態を指す。なんらかの違和感が重石となって動きに制限がかかるものの、それをうまく乗り越えたときに、ハイパフォーマンスに達する。だから、痛みどころか違和感もない状態は、糸が切れた凧のように制御が働かずに、どこまでも飛んでゆく。その限界を超えて、怪我につながるのである。

となれば、いかに制限を設けるかが問題となる。身体実感への盲信が怪我のリスクを高めるとすれば、その身体実感を手探りで確かめつづけることが必要だ。そこでテクノロジーを用いる。身体感覚がつく嘘を見破るために、数値化あるいは定量化された指標を、利用する。それでも全貌は把握できないという謙虚さを抱えながら、それらの指標を手繰り寄せる。こうすれば「このからだ」とテクノロジーとの融合が果たされる。

エクソスケルトンとボールカメラ

コツやカンなどの数値化できない身体能力を意味する「身体知」の充実にも、テクノロジーが寄与する可能性が示唆されはじめている（「身体知」については前著『脱・筋トレ思考』に詳述した。興味のある方はぜひ手に取っていただきたい）。

そのひとつに、ピアニストの演奏技術を助けるために開発された「エクソスケルトン」がある。まるでガンダムのモビルスーツのようなグローブ型のこの器具を装着すれば、意志とは関係なく自動的に指が動く。速さやリズムだけでなく、鍵盤を押す深さや押し方のパターンも再現できるため、熟達者のリアルな指の動きを体感できる。アマチュアには難しいとされる中指と薬指を交互に使うトリルという技術も、この器具を通じれば「指を動かす感じ」をつかむことができるという。

その昔、うまくボールが投げられない子供の背後に立ち、その腕をつかんで投げる動作を一緒に行うという古典的な指導があったが、これと理屈は同じだ。まだ自ら意図してできない動きを、おとなやテクノロジーがサポートして、その動作に必要なコツやカンを先んじて体感させる。そうすれば上達が早まるというわけである。

また、サッカーやラグビーなど、試合が止まらず流動的な試合展開に終始する競技では、「ボールカメラ」という試みもある。文字通りボールにカメラを仕込み、その映像をつなぎ合わせて特殊な画像処理をすることで、まさにボールが移動している練習や、試合のさなかの景色が浮かび上がる。その映像を観れば、空間的あるいは時間的に渦中にいる選手が、どのような情況に置かれているのかを把握できるというわけである。

練習後や試合後に映像を観返すミーティングは、いまでは当たり前になった。うまくいかなかったプレーを観返して反省をすれば、次、同じような場面でのミスは避けられる。だから指導者は映像をもとに指導をする。

だが、選手からすればすべてのプレーを記憶しているわけではないし、事後的にふりかえってみたところで、その瞬間の身体実感は忘れるか薄れていることが多い。つまり、運動指導では、プレーの直後に指摘をする、リアルタイムでのコーチングがもっとも効果的だ。これを促すために開発されたのが、「ボールカメラ」である。プレーから時間を置かずに指導される環境は、身体知の充実を加速させるにちがいない。

あくまでも「このからだ」を中心に

他にもたくさんのテクノロジーが開発されている。これについては、美学者である伊藤亜紗氏の『体はゆく』に詳しい。もしいま私が現役アスリートだったら、ワクワクするような研究が紹介されている。

「できなかったことができるようになる」経験には、魔法のような不思議さが秘められていると見立てる著者の伊藤氏は、「テクノロジーが可能にする『できる』は、自分と自分でないもののあいだに広がるグレーゾーンに私たちを連れ出します〔1〕」という。

いまの自分が、あらたな動きを獲得した未来の自分に出会うまでのこのグレーゾーンは、上達するためには避けては通れない。これまでは、指導者のことばやそれにもとづく反復練習だけが導きとなっていたが、ここにテクノロジーが加わりつつある。これまでに身につけた動き方をいったん括弧に入れ、すぐにはできないながら、ああでもない、こうでもないと試行錯誤するプロセスに、テクノロジーを利用すれば素早く没入できるというのだから、こんなよろこばしいことはない。

そして伊藤氏は、テクノロジーとの接し方について以下のように述べる。

自分はどんなテクノロジーとともに「できるようになりたい」のか。そのテクノロジーを使ったとき、体はどんな反応をするのか。できるようになろうとする人は、小さな科学者や小さな文学者となって、文字通り自分ごととして、テクノロジーとのつき合い方を試行錯誤するでしょう。［2］

テクノロジーに丸乗りするのではなく、あくまでも「このからだ」がどう反応するのかに重きを置く。科学的あるいは文学的な思考をくりかえしながら、「自分ごと」としてテクノロジーと向き合う。つまり、「このからだ」との対話をつづけながら、どのようにテクノロジーとつき合うのかが試行錯誤だという伊藤氏の指摘には、満腔《まんこう》の意をもって同意する。

こう考えれば、テクノロジーは忌避《きひ》するべきではない。むしろ、「このからだ」を拡張するためのツールとして欠かせない。この身ひとつであれこれ遊ぶためにテクノロジーを使えば、そのバリエーションは豊かになるだろう。

経験則と科学的知見に兼ね合いをつける。あちらも立てつつこちらも立てる。矛盾を一刀両断するのではなく、そのただなかでためらいながら、あらたな道を模索する。この構えこそが「スポーツ3・0」に求められる。あがき、ばたつく。この行為がテクノロジーによって増幅し、このからだの感覚が高まる可能性だってあるのだ。

[1] 伊藤亜紗『体はゆく――できるを科学する〈テクノロジー×身体〉』文藝春秋、二〇二二年、二〇五頁
[2] 同上書、二四四頁

おわりに

今年で五歳になった娘は音楽に合わせて踊るのが好きで、最近はジャンプしながら回転する動きにはまっている。跳び上がりながらからだを捻《ひね》り、着地が決まったときには満面の笑みを浮かべる。何度も何度もくりかえし、そのたびに「見て！　見て！」といわれるから、こちらとしてはいささか飽きてくる。「すごいねー」という、半ば義務的な褒めことばにもめげず、娘は何度も宙を舞う。平衡感覚が揺らぐあの感じが楽しいのだろう。できる動きが増えてゆくよろこびを全身で味わうかのように、今日もまた娘は家のなかでジャンプしている。

無邪気なその様子を眺めながら思う。再来年には卒園し、小学校から中学校、そして高校に通うようになる。そのときスポーツは社会でどのように受け止められているのだろうかと。

学校体育で悩みはしないだろうか。あるいは運動部活動で勝利至上主義の洗礼を浴びるのだろうか。暴力や暴言による指導を受けたり、それに悩む友だちの相談を受けたりするのかもしれない。そうしたプロセスで、天賦《てんぷ》の無邪気さが目減りしてゆくのかもしれない。そう思うと居ても立ってもいられなくなる。

父親の立場からすれば、この手の心配は尽きない。だがこれは、なにも私だけではないだろう。年頃の子供がいる親のすべてが、わが子の行く末を心配しているはずだ。スポーツ教育を研究する身としては、娘だけでなくいまを生きるすべての子供たちが、健やかにからだを育めるような環境づくりに尽力しなければならない。

楽しめるはずのスポーツで不必要な苦悩を抱える子供をひとりでも減らし、やがてゼロにする。これが本書を書く上で、私を最も奮い立たせるモチベーションだった。

いま、スポーツに夢中になっている子供たちには、降りかかる重圧を跳ね除《の》けるためにやせ我慢やお気楽さを身につけてほしい。そして重圧を味方につけるような胆力のある人を目指して、日々の練習に取り組んでもらいたい。勝利至上主義の荒波に飲み込まれないような構えを、スポーツをするなかで学んでもらいたい。

そして、子供を取り巻く保護者や指導者などのおとなたちには、子供がなにと対峙し、乗り越えようとしているのかを想像していただきたい。せめて生業としてのプロスポーツと教育を目的としたスポーツのちがいを理解していただければ、こんなうれしいことはない。

さらにいえば、プロスポーツもまた変革すべきときにきている。五輪をはじめとするメガイベントにみられるように、商業主義は一段と加速している。気分転換で楽しむことと引き換えに失われるものは、とてつもなく大きい。大会の裏側で行われていることにまで視野を広げなければ、主催者側のいいように執り行われて、私たちの社会は取り返しがつかないほどのダメージを受ける。

関わる者ひとりひとりの積極的な言動が、スポーツを守る。足元のゴミを拾うように、また「蟻《あり》の一穴《いっけつ》」を塞ぐように、ひとりひとりの地道な働きかけが積み重なって、スポーツはその健全さを回復する。そのための理論的な下敷きとして、「スポーツ3・0」を活用していただければこの上ないよろこびである。

二〇二三年七月十日

梅雨明け間近の研究室にて

平尾剛

平尾 剛

ひらお・つよし

1975年大阪府出身。
神戸親和大学教育学部スポーツ教育学科教授。
同志社大学、三菱自動車工業京都、
神戸製鋼コベルコスティーラーズに所属し、
1999年第4回ラグビーW杯日本代表に選出。2007年に現役を引退。
度重なる怪我がきっかけとなって研究をはじめる。
専門はスポーツ教育学、身体論。
著書に『近くて遠いこの身体』
『脱・筋トレ思考』(ミシマ社)、内田樹氏との共著に
『合気道とラグビーを貫くもの――次世代の身体論』
(朝日新書)、『ぼくらの身体修行論』(朝日文庫)、
監修に『たのしいうんどう』(朝日新聞出版)がある。

初出

本書は、「みんなのミシマガジン」(mishimaga.com)に連載された
「スポーツのこれから」(二〇二一年四月~二〇二三年一月)、
および、「住ムフムラボ」(二〇一七年七月――序章)に
加筆・修正のうえ、書き下ろしを加えたものです。

スポーツ3.0

2023年9月15日 初版第1刷発行

著　者　　　平尾 剛

発行者　　　三島邦弘

発行所　　　株式会社ミシマ社
〒152-0035　東京都目黒区自由が丘2-6-13
電話　03(3724)5616／FAX　03(3724)5618
e-mail　hatena@mishimasha.com
URL　http://www.mishimasha.com/
振替　00160-1-372976

装　丁　　　寄藤文平＋垣内 晴(文平銀座)
印刷・製本　株式会社シナノ
組　版　　　有限会社エヴリ・シンク

ISBN 978-4-909394-92-7